Уређује
НОВИЦА ТАДИЋ

Ликовно обликује
ДОБРИЛО М. НИКОЛИЋ

На корицама
Ф. Б. Ангели Радовани,
Талас, 1908

знакови поред пута

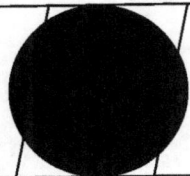

Бојана Стојановић
Пантовић

КРИТИЧКА
ПИСМА

Рад | Београд
2002

Поезија живи од хипербола, од заноса,
и свака *умереност*,
свака грубља рационална интервенција
може бити кобна по њу.

Зоран Мишић

ПОСЛАНИЦЕ С ПЛАВОГ ЕКРАНА

1.

Коме ова критичка писма, *посланице* писане каткад у тескоби, стисци, нервози, изнуђености, досади, а некад у страсти самовања, у оним ретким тренуцима кад се време, простор, поглед, слух и рука која пише, односно пребира по диркама рачунара – стапају у чудесни напор откривања заумног говора текста. О делима која припадају историји књижевности писала сам увек с тежњом да их другачије разумем, саобразим властитом доживљају и погледу на свет и књижевност, да исправим поједине „неправде", те успоставим оне скривене везе које постоје у галаксији наше свеколике, видљиве и невидљиве, признате и непризнате традиције.

Да ли је ризичније писати о књигама савременика? И јесте и није. Јесте, уколико унапред рачунаш на партију вредносног добитка с временом. Није, уколико исписујеш неке своје приватне, субјективне и необавезујуће приче, авантуре читања.

У сваком случају, и једно и друго је легитимно, иако није једнако храбро.

2.

Традиција критичког промишљања књижевног, па и песничког текста има код нас, као и у свету, дугу традицију: од филолошког, преко позитивистичког, естетицистичког, марксистичког до приступа оличених у формализму, „Новој критици", структурализму, феноменологији, хајдегеријански инспирисаној критици, феминизму, деконструкцији, теорији читалачких одговора, итд. Заокрет ка тзв. модерној или интуитивној критици у српској књижевности отпочео је већ почетком XX века, али се артикулисао између два рата, када је нагласак стављен на спој између аналитичког и творачког, уметничког момента, како је о томе писала Исидора Секулић. Њено промишљање литературе и поезије увек је произилазило из свести о литератури као специфичном естетском феномену, а није се сводило на школске, формалне анализе. Стога је и данас, као и онда, за шта се залагала и она, и Тодор Манојловић, Светислав Стефановић и Винавер, потребан и нови *језик критике* који не сме да буде академски и научан у строгом смислу речи, али ни одвећ паучинаст и езотеричан. Видим га пре свега као склад мисаоне, имагинативне и језичке дисциплине који не губи из вида текст о којем пише, али измешта његова значења у неочекиване сенке контекста, интуитивно и визионарски уписујући подсвесне шифре. Тада оне спонтано, без декларативног клишеа, на читаоца делују као врста вредносног суда. Данас је, чини се, потпуно непотребно рећи или написати: ово је велики, или, не дај боже, највећи песник, зато што он једноставно више не постоји. Нигде, па ни код нас. Јер више нема оне врховне метафизичке инстанце, па самим тим ни песничке, али ни критичке – у смислу Једне и Једине.

3.

Уместо тога, добијамо фрагментизовану сцену, скенер једног одређеног „духовног тренутка“, који је протекле деценије себе проналазио и у „паранационалном“, „парарелигиозном“ и „параегзистенцијалном“, када су се најдубља поетска искуства углавном посредовала и глумила. Да ли је симулакрум традиције победио виталне токове наше традиције или не? Стога се с правом поставило питање треба ли поново да у поезији освајамо *модерност*, или да се суочимо с погледом у празно, без вапаја за очишћењем и катарзом. Критичар би требало да поседује неку врсту „мистичног ауторитета“ и да својом самосвојном убедљивошћу утиче на мишљење јавног мњења. Стога и писање ових *критичких писама* у распону од Миодрага Павловића и Љубомира Симовића до најмлађих аутора тежи да пронађе *ерогену зону текста*, где се могу догодити тренуци непредвидивих судара властитог понирања у текст са метафоричким језиком поезије.

4.

Али, критичар ипак не сме да се затвори у неку врсту *Его трипа*, херметичну чауру, а на то песник, свакако, има право. Његов додир са текстом мора бити остварен преко трећег, дакле преко читаоца тог текста, био он сам песник, или свако други кога баш критика поезије, како је то веровао Растко Петровић, а с њим и Зоран Мишић, успе да покрене, заинтересује, изнервира – другим речима, натера да интензивније и прецизније сагледа унутрашње прегибе песничког текста и његове духовне границе. Због тога, *критичка писма* настоје да негују ту осетљиву равнотежу између тзв. афирмативног и критичког у ужем смислу речи – у наизглед похвалним текстовима назиру се извесне критичке ограде и примедбе, које могу бити корисне смернице самоме песнику.

5.

Јер, између песника и критичара, читаоца и критичара – као и у свакој „кореспонденцији“, па и овој, критичкој – ипак мора постојати нека врста прећутног споразума и поверења.

У Београду, крајем јануара 2002.

9

СУПРОТНИ СЛИВОВИ БИЋА
Миодраг Павловић

Када стваралац попут Миодрага Павловића осети потребу да више од педесет година испуњених писањем поезије на један нови начин преобликује и тако систематизује читав свој песнички опус, онда то значи да Павловић а н т о л о г и ч а р накнадно одабира, тумачи и вреднује сопствено дело у којем не само да стаје живот једног појединачног песника, већ и читавих песничких генерација, школа, усмерења, синхронијских и дијахронијских пресека, путања и неиспитаних стаза, општих и посебних цивилизацијских, митских и историјских искустава. Уз то, сведоци смо непрестаног, веома болног суочавања са „супротним сливовима бића“, и његовим фигурацијама, многоликости у појединачним, ахасверским егзистенцијама. Аутор је своје три обимне књиге песама компоновао поштујући само условно хронолошки принцип објављивања или настајања појединих циклуса и збирки, а суштински је покушао да изнађе њихово тематско свеобјединитељско језгро, иако је то у случају овога песника готово немогуће учинити. Али, пред нама су, на неки начин, и нове песме М. Павловића, јер се налазе у другачијем окружењу, па то и од тумача захтева један другачији „улазак у храм читања“.

Прва књига *Искон* упућује нас, на основу песникове пропратне белешке, да су у њој сабране песме из периода од 1946. до 1996, а њи-

хово полазиште је „конкретност чулних утиса-
ка, еротско надахнуће и доживљавање призора
и природе“. Она би се, пратећи линију коју су-
герише сам аутор могла, још од прве збирке *87
песама* (1952) означити као својеврсна „испо-
вест меса“, симболичког истраживања телес-
ног, нагонског, дионизијског и материјалног,
метафорички слојевитог (психоаналитичка, мит-
ско / митолошка, антрополошка, религијска, ин-
тертекстуална и синкретичка раван тумачења),
али и духовног, сублимног, које сугерише темељ-
на метафора „светлих и тамних празника“, као
сталне смене светлости и таме, аполонијског и
дионизијског, сакралног и профаног. Еротизо-
вани пејзаж многих песама, са путописним и кул-
туролошким предлошком, евоцира песникову зао-
купљеност темом пропадања и очувања лепоте,
која постоји само ако је неупрљана, неокрзнута
„наопаким раскршћем крви“. Преображај „блу-
да“, отклањање демоничне снаге сексуалности
(„Девице мудре и луде“) кулминирао је у аполо-
нијском, сакралном доживљају љубави која је
овековечена на сликама старих мајстора (пре-
кретничка Павловићева збирка *Улазак у Кре-
мону*, 1989). Ту је уметност залога очувања бе-
смртности, јер она и поред измештеног времена
има моћ очувања магичног тренутка еротичког
чина постојања, олаченог у мушкој и женској
фигури: „Изгнање из раја, Бекство у Египат, /
сцена из живота Адама и Еве ? / Без наслова ос-
таје ово испражњење. / Мирис сумпора у зеленој
јези. / Стоји се пред олујом без праве свести ; / у
том је раздвојеност, разлаз, неболомство“ („Gio-
rgione: La Tempesta“).

Испражњеност смисла блискости међу поло-
вима, њихови контрастирани психолошки и мит-
ски портрети доводе нас до друге Павловићеве

књиге *Извор* у којој је тематска инспирација пронађена у културно-историјском наслеђу, древвним хеленским и словенским предањима и документарним реминисценцијама на ауторово „детињство, дечаштво и младост" (песме су настајале у распону од 1958. до 1991. године). Овде се налазе песме из оних збирки (пре свега мислим на *Млеко искони, Скишија, Велика Скишија*) по којима је Миодраг Павловић прочитан као наш најзначајнији „песник културе" и сталног, плодотворног дијалога са традицијом најшире схваћеног песничког и језичког искуства. Објективизација ауторовог говора артикулисала се, међутим, на више равни: најпре, као изазов форми (кратки, сажети стих, парабола, аутопоетички запис, песма у прози, парафраза класичне или херметичне поезије, веристичка скица у слободном стиху или са арбитрарно коришћеном римом). Кључно је, међутим, питање, шта је песника подстицало да увек на нови начин ре-интерпретира не само поменуту традицију, већ и темељна смисаона исходишта своје властите поетике? Није ли то управо напор да се у типичним или специфичним исечцима не само из Културе, већ и из Натуре, дакле, оног непатвореног, али противречног језгра самог бића увек трансцендира (каткада непосредно, дискурзивно, каткада алузивно) пут појединачног бивствовања у времену, историјским менама, победама и поразима. Оно пати зато што никада није истоветно себи, а самим тим ни Творцу, а језик његов, у одсуству Божанског, постаје њему самом неразумљив до хијероглифа, бесмислен до апсурда. Зато аутор у кључној збирци *Свешоӷорски дани и ноћи* (1987), осамљен у досезању нове светости и каже: „Да ли то Слово живи у теби / зато да још једном страда, / мора ли да прође кроз тела,

/ болнице и гробља пре но што / постане шапат и сибилски стих? / Ил уме да траје ван човека / Слово у камену, песку, / извесност у свему, / без надања у песму“. Другим речима, да ли је човек тај, од Творца удаљен и умањен вишеструко, ипак неко ко „мора научити пјесан“, да би тако остао траг страдања и спасења, запис о страху од коначности, који је, како је то Винавер писао у својим *Мислима*, већи од страха пред бескрајем.

Исход, трећа књига која је формално уједначена (песме у прози, есејистички и параболично--филозофски записи , настајали у периоду од 1989. до 1997. године), представљају Миодрага Павловића управо као песника неумољиве и нужне п р о- м е н е. Он управо у овим текстовима истражује облике те промене, путујући кроз простор и време као у неквом бестежинском стању, ослушкују- ћи језик пролазности, који јесте и само време језика. Рађање душе подразумева једно ново, трауматично постојање, али постојање бића на- ма углавном остаје невидљиво, осим кроз пара- докс и негацију, посувраћење, деформацију (тек- стови-параболе о камену, дрвету, пећини, пла- нини, храму). Душа је тако увек попут птице (ко- ја може значити и мисао, али и женски прин- цип), која је слободна и неспутана, спајајући свет живих и свет мртвих између којих стално кружи нека врста унутрашње енергетске обнове, васкрсавања и промене места на метафизичкој лествици. Сталне историјске метаморфозе људ- ског духа могу се ипак срести у „тачки прео- бражења“ – тамо где се „језик враћа свом поре- клу: природи, елементима, не-значењу, себи“. Као да језик, на крају свега, уме једино сам са собом да говори. А ту се језик предаје раскоши света, „наручју творца“: „Узети лепоту света у руке, као путир, стајати дуго са њим и њом и подизати их полако. Наоколо белина зиме која упућује на памћење речи. Док се не спусти једна птица на причесни руб. И почне бруј природе, знак да је у нама прорадио дубоки слух" („Бруј природе"). И та светлост, која нас је разделила приликом стварања света, само је друго име таме, пећине у коју се песник, као и испосник, повлачи онда када га она, попут Платонових идеја, сувише заслепи.

СИЗИФОВА ТАЧКА
Љубомир Симовић

После издања *Сабраних песама* у две књиге („Стубови културе", 1999) којима је ауторска рука Љубомира Симовића подарила канонски облик, јер је у њима садржан и на нов начин преуређен његов целокупни песнички опус из тринаест појединачних збирки, најновији рукопис карактеристичног наслова *Тачка*, обимом невелик – укупно 33 песме распоређене у седам асиметричних циклуса, дужином и деловима неједнаких – преосмишљава и посебно наглашава основне квалитете Симовићевог певања, варирајући истовремено смисаона тежишта ауторове последње збирке *Љуска од јајета* (1998). Песникова гротескна и црнохуморна песничка позорница почива на доследном депатетизовању, снижавању стилскога нивоа, али пре свега критичком резу различитих облика људског постојања – од појединачног, преко друштвено-идеолошког и политичко-националног, до колективно-психолошког и антрополошко-митолошког обзорја које своје исходиште проналази у пресецању историјских, митских и религиозно-метафизичких принципа.

Уз то, супротносмерне силнице стварног, искуственог бивствовања човека и колектива виђене су у тренутку поремећаја равнотеже, губљења вредносног ослонца и разградње „истине и илузије". Важан слој Симовићеве поетике, која, како је критика већ уочила, наглашава вредности тзв. обичних, али повлашћених ствари, међу којима посебно место заузимају храна и занатски, понекад архаични предмети, творе посебну патину „мртве природе", која свој стваралачки подстицај несумњиво има у визуелном, односно у сликарском и вајарском медију, особито код старих немачких и фламанских мајстора. Богатство колорита, присуство великог, интензивног спектра боја у лирској минијатури од свега неколико стихова („Ђурђевак") није случајан, а исти поступак песник ће поновити још у неким песмама из *Тачке* („Читалац на Рајцу"). Тиме се с једне стране сугерише апологија живота, или живот као Божји дар човеку, а с друге стране песникова тежња која се односи на формалне, апстрактне еквиваленте речима, што га повезује с авангардним приступом литератури.

Поред наведених вредности, збирку *Тачка* одликује и металитерарна, односно метапоетска компонента која релативизује привидно оцртан свет свакодневног искуства. То је видљиво већ у уводном триптиху „Поглед по кујни, поглед кроз прозор и поглед у будућност", у којој се песма отвара и за овакву могућност тумачења. Миш који недовршен трчи преко стрништа, или врана која се враћа с пола пута и не постаје ништа представља песникову скепсу у погледу божанског стваралачког чина, који по свет може бити управо супротан, нихилистички, али и предмет самога текста, преиспитивање обликотворних принципа, размеђа метафоричког и метонимијског, алегоријског и симболичног, дискурзивног и фигуративног: „Листам овај речник: јегуља / јесетра, / листам: кечига, манић, моруна, смуђ, / листам, и читам, и чудим се, и питам се: 'Је ли ово речник или река?'" („Читајући српскохрватску лексику рибарства Велимира Михајловића и Гордане Вуковић").

Такве су и песме у којима се као основа иронијско-игривог отклона позитивног смисла узи-

ма неко поређење, извесна литерарна реминис-
ценција, библијски топос, рецимо „Као из Књи-
ге постања“ или „Покушај Благовести.“ У пес-
ми „Сињајевина“ аутор примењује етимолошке
ребусе и разлама поједине лексичке делове
једнога топонима, чиме се мајсторски проширује
а уједно и изоштрава алузивни и значењски спек-
тар, уводећи уз то и синестезијски моменат:
„Шта ја видим кад чујем Сињајевина? / Сиње
море или сиње иње“, при чему Симовић опет
постиже ванредно експресивну метафору „си-
њег иња“.

Највећи број песама из књиге *Тачка* пробле-
матизује вредносне дихотомије некада и сада,
односно историју и мит, историју и поезију. Исто-
ријско је увек виђено на страни пролазности, па
чак и баналности, а митско оличено у скакавцима,
рибама и пре свега великој води, Дунаву, на ко-
јој почива песников вољени престони Град, на
страни метафизичког. Негативне, олбијевске
утопије типа „Животињске фарме“ свакако су
дуже песме: „Поглед према Београду са десне
обале Дунава“, „Пророк Јона у рибљем ресто-
рану“ и „Дочек и крунисање ослободиоца пред
црквом и рибарском крчмом у Сланкамену“, која
призива гротескно-фантастичне, апсурдне при-
зоре из „Даће“ Ранка Младеновића.

Песма по којој је читава збирка добила наслов
није последња „Упоришна тачка“ у чијем се сја-
ју секу и сабирају путеви људски и Господњи, тај
сјај ван песника, већ један наоко неупадљиви
лирски запис на почетку шестог циклуса који у
наслову има графички симбол тачке. Она симбо-
лизује Сизифов узалудни напор да учини оно
што се учинити не може – приближити се Богу,
у светлости или у мраку, појмити апсурдни сми-
сао човековог постојања, баченог за свагда под
ђонове Творца.

РОМОРЕЊЕ ЈЕЗИКА
Алек Вукадиновић

Алек Вукадиновић је први послератни српски песник који је Миљковићеву метафоричку синтагму „патетика ума" схватио као изазов самој поетској форми, као специфични облик одуховљења материјалне, дакле њене мотивско-значењске основе. У репрезентативном Нолитовом издању Вукадиновићевих *Изабраних песама* које је компоновао Александар Јовановић опремивши је подстицајним предговором *Песник лирске ап̄ст̄ракције*, детаљним синопсисом песниковог животног и стваралачког пута, као и биобиблиографским напоменама, управо се може пратити Вукадиновићев имагинативни и формални преображај почев од друге збирке *Кућа и гос̄т̄* (1969) до последње *Тамни п̄ам и Беле басме* (1995). Уз то, што је посебна вредност овога избора, укључени су и песникови аутопоетички фрагменти који сведоче о високом степену поетске (постмодерне) свести о месту ове поезије у контексту сродних, симболистичких и постсимболистичких поетика светске књижевности, као и изразита упућеност на национално језичко и митско језгро које призива речи-бића, управо на трагу заумних истраживања Кодера и Настасијевића.

Шифру ауторски непоновљивог Вукадиновићевог писма међу првима је уочио и прецизно описао Никола Милошевић, да би потоњи истраживачи (пре свега М. Егерић, Љ. Симовић, А.

Јовановић) сваки на свој начин развијали ову тезу о превасходно симболистичкој или неосимболистичкој оријентацији овога песника. То подразумева да је појмовна функција којој су тежили симболисти уступила место не само слутњи и наговештају, већ активирању читаочевог доживљаја и изазивања различитих ирационалних стања, на које их, међутим, увек упућује парадокс поетске форме – њен привидни мелодијско-ритмички оквир унутар којега се одвија процес осамостаљивања и апстраховања појединих мотивско-језичких честица које потом добијају сугестивност архетипског блеска бело-црних површина, које подсећају на Маљевичеве онтолошке геометријске фигуре. То је посебно уочљиво у циклусу „Унезверени пејзажи“, где се пејзаж претвара у језички апстрактну фигуру квадрата куће, чиме не само да се херметизује значење, већ се прелази на виши ниво поетског мишљења.

Песништво Алека Вукадиновића превасходно је утемељено у моделу кратких лирских форми наше усмене традиције (басма-бајалица, пословица, загонетка), али оно није тек њихова проста имитација или репродукција, већ фантастични отклон који је измештен у контуре комплексних ритмичко-мелодијских, акцентатско-еуфонијских и лексичко-синтаксичких слојева српскога језика. Песник, полазећи од привидно познате окоштале језичке творевине, у својим најбољим књигама успева да је потпуно детронизује и преобликује изнутра, из самога бића колективног несвесног. Међутим, она свагда чува свој мелодијски чар и значењско тајанство које исијава из сведеног броја мотива (кућа, гост, ловац, плен, стрела, лампа, жишка, круг, итд.) и прецизне, али зачудно грађене песничке слике којом се испитују границе свесног и несвесног, појавног и суштинског, бића и бивствујућег („Гора гори – моћна сена / Крило крилу – трепет тајне / Ствари земне и Имена / Сажетости, моћи крајње / Можда и ја певам с њима / Име међу именима“). Роморење језика поезије тако се јавља као ромор света самога, као софистицирани и мистериозни говор самог срца таме, из граничног предела чудесног сагласја језовитог, застрављеног и благог, кротког, светлосног прапочела.

Ипак, звучни предложак у песништву Алека Вукадиновића по правилу увек има и свој наглашени визуелни еквивалент. Јер, ако песник својим стваралачким напором чезне за малармеовском „суштаственом речју“ која је више од звука, дакле звук као такав у својој онтолошкој нагости, истовремено се ова нема арабеска прелива у ону „суштаствену слику“ којој су тежили песници авангардне оријентације, пре свега спиритуални експресионисти. Та слика посебно у песниковим збиркама пре *Руже језика* (1992) увек чува сећање на своје митско порекло, али и лични душевни пејзаж који представља „сан како га форма оцрта“ и припада језику натчулног, бесмртног искуства.

У последње две ауторове збирке *Ружа језика* и посебно *Тамни там и Беле басме* Вукадиновић чврстим синтагматским загрљајима замрзава одређени синтаксички, најчешће максимално елиптични облик. Тиме песник постепено укида могућност полифоног и дисперзног развијања мотива, без обзира да ли се они повезују према дескриптивном или симултаном принципу. Аутор као да свесно занемарује парадигматску раван текста бавећи се претежно синтаксичким, линеарним варијацијама једног звучног и лексичког обрасца. Водећи превасходно рачуна о њиховим парономазијским вредностима, Алек Вукадиновић се на субверзиван начин приближио и заговорницима тзв. „језичких поетика" и тиме постигао фасцинантан спој дисциплине маште и језичке рефлексије у којој се Бог и Божанско не указују као оштро оцртана белина на подлози црнога, већ као кружење Истог око никада фиксираног означеног.

ПОКРЕТ И МИРОВАЊЕ
Срба Митровић

Срба Митровић и поред десет објављених песничких збирки и цењеног антологичарског и преводилачког рада не спада у оне ауторе којима се наша критика често и одвећ успешно бавила, па се понекад чини да његову поезију чита само одабрана критичарска публика (особито В. Павковић, Д. Потић, Т. Крагујевић). Занимљиво је да у српској средини по правилу недовољно запажено или чак и негативно пролазе они аутори и ауторке на чије је поетике видног утицаја оставило англосаксонско и америчко песништво, а много боље они који су под утицајем француске или рецимо руске, пољске традиције. Зашто је то тако, у овом тренутку је немогуће дати одговор, поготово што је у прози ситуација битно другачија – као да је пожељно бити под упливом Џојса, Бекета, Карвера, Меккјуена, Пинчона, итд.

Срба Митровић у својој најновијој збирци *Узмицање* читаоца ставља пред вишеструке дилеме: да ли је његово пледирање за модел неутралног описивања и бележења велеградске (најчешће београдске) свакодневице, попут каталога узастопних, у времену, међутим, дисконтинуираних призора буквална, или је тек назнака, иронични сигнал читаоцу да испод покожице „недешавања" и неуочавања промена у себи и свету потражи оно због чега извесни критичари Митровића означавају као „дубоко рефлексивног" песника. Овоме иде у прилог и распоред циклуса у можда преобимној и стога не најсрећније компонованој збирци која се састоји из два дела, а ови опет из мањих целина. Први део („Сегменти пада") садржи три циклуса, од којих је „Вечност" састављена од краћих, готово хаику песама упечатљивих слика (особито уводна са истим насловом), да би се продужила у три формално сасвим различита, налик записима, песмама у прози или цртицама („Трајање", „Мртви угао", „Нишка секвенца"). Други део („Клепсидра") састоји се из стихованих циклуса „Искидани тренуци" и „Сећања, посвете", у којима углавном преовлађује дужа песма различитих емоционалних регистара (од љубавне, наративно-документарне до пародичне и филозофске).

У поетичком исходишту збирке *Узмицање* налази се проблем одређења песничког субјекта или јунака према категорији протицања времена, који он сагледава из личне, индивидуалне позиције приближавања старости и промене животног ритма (нпр. запис „Калеидоскоп", „Измењен програм", „Све оно до чега ми је стало"), али и као феномен временског урушавања, који сва сећања (митска, историјска, емпиријска) сажима у једном трену, у једном вечном сада које нам калеидоскопски преображава и деформише слике што смо их понели из неког другог, често пренаталног света, односно из стварности ван сваког постојања. Због тога Митровић у уводној песми „Вечност" себе ситуира у време пре стварања ове наше галаксије поредећи се са „шупљим јајетом које се поиграва на исконској води". И као да се та шупљина током живота не испуњава већ једноставно рефлектује и себе и свет на рентгену, мерена прецизним инструментима („Парадокс посматрања"). Између сећања на прошло и вечите садашњости као да су сабијени

24

тренуци попут чистих одјека: „Тај звук, тај трен, одувек траје, / Непрестан досег вечности, / Па изненада шчепа / Једнога кога прати. / Тад усковитлана нада / Прекрије маглом / Све долазеће – Прошло се преобрати“ („Стварност“). Да ли је вечност повезана са бескрајем или са треном у којем је све исто, а ипак различито, правилног реда, а ипак чулима недоступно? Особито у прозним записима „Трајање“ и „Мртви угао“ Митровић испитује однос и тензију између различитих опажаја кретања и мировања. Као да је трен и нешто што се већ збило и што тек треба да се деси, неки међупростор узалудног чекања и претрајавања, а ипак драгоцен и редак: „Титрања, лебдења, понирања – зрак се ломи и боје расипају некад зачудно застрашујуће. Како издржати и не затворити очи пред свиме што може бити лепота и спас? Ил варка зове као и увек да се трен затвори тек што је почео? („Трен“). Са овом темом повезана је и тема (песничког) говора: „Читав говор извире из прошлости, / Па замичући преко нашег становишта / за Каиросов трен, / Враћа се у шири словар“ („Говор“). Због тога је неуочавање промене у извесном смислу равно ћутњи из које исијава воља неког „непознатог бога“. Иако песник живи у свету непролазне љубави и страха од смрти, свестан је „узалудне наде да је један“. И због тога, ваљда, одриче поезији „тајанствену и мистичну“ везу са животом која од читаоца тражи вернике. Али веровање увек у себи садржи противречност, наличје – оглашавају се само безбојни, бескрајни, етарски простори („Естетизам“). И као да постаје пресудно посматрање, опсервација, издизање изнад личног доживљаја и бола пред очекиваним. Због тога жеља за узмицањем, повлачењем, свођењем на једноставне, готово механичке утиске. На непокрет.

ТАЈНА РОЂЕЊА
Доброслав Смиљанић

Има песника који већ веома рано обезбеђују себи не само славу и репутацију, већ и разне врсте избора из свог песничког опуса, што је чини се постала више или мање помодна пракса и код самих издавача. Доброслав Смиљанић (1933) је такорећи тек у својим зрелим, готово позним годинама доживео да му се исте 1998. појави први избор из до сада седам објављених песничких збирки под карактеристичним симболичним насловом *Уроњена лампа*, као и нова књига *Где светлост мисли* (Народна књига / Алфа). Избор је сачинио Милослав Шутић и пропратио га поговором „Песнички свет као јединство у разноврсности", указујући да се Смиљанићева недовољно тумачена и вреднована поезија може у контексту послератног српског песништва означити као поезија „интелектуално-лирске синтезе".

Исцрпан и репрезентативан избор из опуса овога скрајнутога песника требало би да оправда различите поетске модусе према предмету певања, који је или лирски (дакле музичко-сликовни), или заснован на некој врсти интелектуалног, рекли бисмо филозофског концепта. То, међутим, не значи да Смиљанић свесно тежи препевавању одређених битних филозофских категорија, већ их поетски преобликује и подређује непрестаним променама ритмова. Они се не односе само на формалну страну која обухвата везани, слободни стих, или неку врсту песме у прози, већ пре свега на ритам овладавања ирационалним, ван-разумским искуством, које често измиче и самом језику. Сраз сликовног и идејног је стога код Доброслава Смиљанића неодвојив, и нарочито у првој збирци *Грана неданог* (1970) значењски херметичан, да би у доцнијим збиркама, посеб-но од *Вечере са смрћу* (1989), лирски глас све прецизније идентификовао темељно осећање субјекта и света у измицању, у дискурзивној и метафоричкој евокацији језичког присуства стра-ха и стрепње, телесног и душевног, живота / љубави и смрти, би̂ти и бивствовања, иманентног и трансцендентног.

Поетска имагинација Доброслава Смиљанића ипак није церебралне природе, нити је (осим у ретким случајевима) плод некакве изнуђене је-зичке игре. Она проистиче из ауторовог настоја-ња д̣а дотакне и проникне пећине ирационалног, неухватљивог и несазнатљивог света прелоги-чког, у коме је телесни принцип, слично као код песниковог узора Растка Петровића, посебан ентитет, целовити симболички систем кроз који вазда светли уроњена лампа, једини сведок „па-кла језика“. И управо је збирка *Вечера са смрћу* у највећој мери потврдила песников напор да слику уздигне на ниво појма / апстракције, од чул-ног ка идејном: „Светлиш / као рана / отворена / у ноћи. / Све видиш. / Затрептиш кад ми заста-не рука. / Задимиш као луч / кад склупчан на бе-лом дну / језиком / додирнем корен“ („Лампа“). Или: „Наша два тела / у телесност / дозрела. / Јабука. И ноћ од злата“ („Сан ноћне лампе“).

Смиљанић је песник који несумњиво зна да обликује посебан лирски штимунг заснован на симболичкој дескрипцији, посебно у краћим фор-мама, али и у песмама које су ношене носталги-јом мита („Мирис присуства у шетњи Калемегданом", „Сетићу се где ни трава не расте више", „Море у мори овог века"), као што је убедљив и у песмама у којима се сусрећу нека врста исповедног, наративног и особито фантастично / гротескног обликовања текста. Управо је то највидљивије у оним песмама у којима је на трагу Растковог пута Смиљанић испитивао тајну рођења, али и тајну онога који из песника проговара језиком самим, сасвим заумним: „Признајем, у утерусу одредио нисам / положај свој у космосу. / Можда сам само туђе место заузео / и сада сам неког нерођеног глас" („Разумем тај јад"). Или наративна песма у прози „Искушења у невидљивом" у којој се артикулише (пост)модерна присила за понављањем истога, а ипак нечег другог, непознатог и непредвидљивог сведока „увек исте реченице".

Отуда се за овога песника не може рећи да има перепознатљив, па и окоштао манристички стил певања. Смиљанићева поезија отвара се читаоцу сваком песмом другачије, па је потребно готово код сваке уложити посебан интерпретативни напор. Он не копира, пресликава једну исту мисао, интелектуални пројекат или емоционалну ситуацију, иако се у многим песмама могу открити утицаји домаће и светске традиционалне и (пост)модерне поезије и филозофије. Лексички веома богата, ова поезија је свесна да „нема довољно речи за све", а да се невидљиво увек оваплоћује својим парадоксом – присуством, макар и слућеним. Чак се и смрти ходи као у загрљај, али и она може бити привид, пренос неког натчулног, нама непознатог искуства немости: „Само путник зна где се уска / стаза прекида. Он неће стићи у Кордобу / на састанак са својом смрћу". Баш на месту где је све једном било могућно, а где ни трава не расте више.

ЗАГОНЕТКА ТЕКСТА
Милутин Петровић

Најновији рукопис Милутина Петровића напустио је своје првобитно окружење *Књиге* (Сарајево, 1991), где је први пут објављен заједно са целином *О*. У међувремену су се, поред поновљене ауторове збирке *Промена* (1994) појавиле још две, које у извесном смислу означавају дискретни, али довољно уочљив песников помак у правцу тематизације самоговора са Божанским: реч је о књигама *Поезија снова* / *Расправа с месецом* (1993) и посебно *Нешто имам* (1996). Ову последњу је сам Петровић жанровски одредио као поему, а заправо је реч о изнутра драматизованим фрагментима једног континуираног двоговора са неухватљивим фантомом, који попут духа из чаробне лампе успоставља херметични поредак песничке поетике. Није случајно што је критика увек у први план стављала језичко-формалну, односно техничку компоненту Петровићевог пројекта, „најцеловитијег у савременом српском песништву" (Ј. Лукић), бавећи се синтаксичким устројством збирки које чине трилогију *Стихија*. Милутин Петровић је најзрелији и најзначајнији део свога песничког опуса остварио ослањајући се на искуство неоавангардне поетике (сигнализма, различитих типова вербо-воко-визуелних пројеката, летризма, конкретизма, итд.), али се код њега јавља једна специфичност виђена у нашој песничкој традицији од Настасијевића до Попе. То су поступци елипсе, елизије и редукције, при чему се и елиптирани део исказа и сама елипса доживљавају као нешто крајње мутно, нејасно и апстрактно. То значи да Петровић постиже ефекат очуђавања песничке структуре не само зато што је на различите начине формализује (првенствено нерегуларном употребом синтаксе), већ највише одсуством редунданце која не дозвољава било какво чвршће, извесније упућивање на порекло елиптираног исказа. Чини се да наглашено одсуство дискурзивног плана ову поезију понекад одводи на ивицу значењског аутизма, при чему максимално сапети језички елементи делују као патрљци неког бившег, у свему непознатог тела. Тела некога ко не живи на овој планети. Рецимо, ванземаљца. У сваком случају, странца на Земљи, како би то рекао Томаж Шаламун, словеначки песник чији је статус близак Петровићевој позицији у српској књижевности. Али, да ли и када језичка инсуфицијенција и анемија могу постати његов вишак, рекла бих врлина?

Можда онда када, за тренутак, престанемо да размишљамо о могућим семантичким смерницама Петровићеве поезије и обратимо пажњу на механизме који конституишу не само читалачко разумевање, већ сигнализирају да је и сâм песник одустао од конструкције текста / смисла на који смо иначе навикли. (Нео)авангардисти су без сумње, некада сасвим радикално, укидали уобичајене синтаксичке склопове и фаворизовали различите облике синтагматског, линеарног повезивања језичких јединица, тежећи што већем степену апстраховања и формализације значења. На парадигматском плану то је указивало на експлицитну песникову свест да се само извесном контролом и сужавањем неограничених асоцијативних склопова може постићи супротно

– односно наопако, како би то рекао Милутин Петровић. Редукцијом, елиминацијом могућих значења постиже се то да језичка форма може бити било шта – предмет, тело, опушак, излучевина, исповест, извештај о боравку непознатог, конспирација са Непознатим. Једном речју – транс. Записан на ивици перцепције која нас, док смо још живи и телесни, може одвести до Капије смрти, подсетити нас, као у Платоновој пећини, како изгледа свет идеја и вратити нас на овај свет, у овај свет, у свет обичних чула. Поезија Милутина Петровића јесте један перманентни презир према свету јасних, уочљивих обриса и емпиријске извесности. То је можда заиста, како је у критици тачно примећено, поезија пакта са Ђаволом, или Мефистом, али са којим циљем? Са циљем ироничног поигравања и са једним и са другим: и са доктор Џекилом и са мистер Хајдом. Јер песнички субјект Петровићеве поезије је и једно, и друго, и све то заједно, и нешто треће, што трансцендира на један субверзивни начин све поменуте могућности. Он је попут живиног стуба који ослобођен свога телесног склопа / оклопа добија застрашујуће димензије самопретварања, метаморфозе и трансформације. У све или ништа. У нешто. У тајну стварања. У загонетку текста. У пратиоца Еуридике који се непрестано окреће и изнова пева о својој фаталној грешци. Грешци чула, тела. Које тражи одмазду. Које је читалац / читатељка поезије Милутина Петровића.

Понекад имам утисак да аутор не воли своје читаоце. Не воли, заправо, уопште да га неко чита. Као да пише у некој врсти отпора према самом процесу читања које подразумева извесну рационализацију, поређење, осмишљавање. Чак се понаша претенциозно: „Пажљиви читалац. /

Пориче мој удео. / Али ме неће оставити. / Ни на издисају" (*Нешто имам*, фрагмент 40). Да ли је ово иронична супериорност, љубавничка манипулација? Или фатализам и вапај, крик? Можда завештање, опроштај? Заједно смо ту у тексту, ти и ја, у животу, као и у смрти, заувек, као мртви љубавници? Ти ћеш ме заувек чекати док се вратим са свог Икарског пута, из простора иза Вечне копрене, како би то рекао драмски јунак истоимене фантазије Душана Николајевића, заборављеног српског међуратног драмског писца. Ја ћу ти донети тајну коју нико није спознао, која је записана невидљивим словима на табли, то саблaсно име („За Персефону"). Али „летач у кориту" долази нем, немајући шта да саопшти окупљеној руљи, полтронима Истине, њеним цензорима и судијама. Њега, баш као и Јозефа К. чека само сурова, ирационална пресуда „тајног друштва": „Успротивићу се сваком / покушају тужиоца. Зна / ли он где се смакнуће догодило? / Има ли озбиљнију понуду? / Сећам се како сам кренуо; / нисам знао баш куда. / Изван новог начина живота? / Изван Паучине?" („Мукла надлежност").

Песнички субјект мора због тога да мења положаје летача, да пребива у пограничном штабу. Између овог и оног света. Или између света снова / поезије и властите несавршености да томе обезбеди онтолошку пуноћу. Због тога песник *нешто има*. А то је страх од самовољне реченице. Пред којом почиње да подрхтава, као пред губитком сићушног папирића који значи свеобухватност. Бесконачност верзија. Свачијих. А реч је, заправо, о згушњавању чула. О враћању у стварност. О преображају полова. О бесполности анђела, језика. Песник који је пристао да има дно може имати и таваницу, строп. Може бити базилика или брод, свеједно. Или дно утеруса. У сваком случају, део неког свода. Свеједно, наопако.

Да ли је било речи о тачкама?

Великим словима?

Зарезима?

БЕЛЕЖЕЊЕ ПРОЛАЗНОСТИ
Пешар Цвешковић

Петар Цветковић (1938), песник који је од почетка свога песничког развоја деловао некако мимо своје генерације, определио се у својој десетој збирци за концепт на који смо у последње време готово унапред припремљени: реч је о различитим поступцима тзв. рециклаже, а заправо допуне старих, већ објављених песничких циклуса или чак збирки новим песмама. Тако се читаоцу истовремено упућују двоструки сигнали: с једне стране, читамо старе збирке довршене или освежене нечим наизглед новим, што би требало да буде конкретан помак у песниковој поетици. С друге стране, тзв. изабране песме уз понеки нови циклус треба у исто време да нас подсете на извесну рекапитулацију онога што је песник до сада написао, чак и када нема шта битно другачије да каже. Разуме се, има и обрнутих примера, али они су углавном ретки.

Цветковић је своју најновију песничку збирку насловио према једном броју песама из свога избора *Песме* (1992), као и једне од најуспелијих ауторових појединачних књига *Грчка лоза* (1989), што чини први циклус од укупно једанаест ненасловљених, већ само бројчано означених песама збирке *Божићне йесме*. Преостала два нова циклуса садрже такође једанаест текстова и развијају основну тему назначену у Цветковићевим већ објављеним песмама, које се тиме мотивски, стилски, формално и значењски могу чита-

ти и на један други начин, у измењеном рецепциј-
ском контексту.

Поједини критичари (Пантић, Павковић)
истакли су да је особена одлика Цветковићевог
рукописа певање о „малим стварима", али на на-
чин депатетизован, удаљен од предмета певања,
помало неутралан. Истовремено, његово пони-
рање у историју и мит, што га на известан начин
може повезати за тзв. песницима културе, увек
подразумева извесну носталгију за изгубљеним
местом у некадашњем идеалном поретку ствари,
иако код њега нема ламентације, већ ироничног
помирења са животом који тече у промењеним
условима урбане свакодневице. Тамо где сећање
на младенца из Витлејема значи још само свест
о бележењу пролазности, без обзира да ли је реч
о свету природе (ритуалних, митолошких, сеоских
послова) или пак градском / приградском свету
у којем је човеку тесно, да би му још једино пре-
остало да прати тај неумитни проток монотоних,
поновљених дешавања. „Ничег новог под сунцем",
чак и по цену Новога доласка, као да поручује
хроничар Цветковићевих дескриптивно-нара-
тивних фрагмената, у којима се веома ретко по-
јављује тзв. лирско ја или лирски субјект: „А оно
што уз носталгију / поче да пулсира и што језик
инстинктом охоло / зави / беше само спокојство
леда" (I, 7).

У том смислу, указује се и промењени смисао
самога наслова *Божићне песме*. Иако он на први
поглед може сугерисати конкретну тематску
усмереност на Христово рођење и мотиве који
су повезани са кључном библијском темом, за
песника је то само повод да дискретно, али поне-
кад језички недовољно прецизно замагли и онео-
бичи овај предложак својом властитом поет-
ском интерпретацијом. Цветковић се на момен-

35

нте уздиже до нивоа некакве модерне параболе са различитим естетским учинцима. Неубедљив резултат оваквог поступка очигледан је тамо где се укрштај два могућа смисаона хоризонта (Овог и Оног времена, краја и почетка, идиле и урбане културе) сведе само на извесну скицу, узгредни коментар (II, 5, III, 9). У претежнијем броју песама аутор успешно иронизује вечиту људску чежњу за спасењем, душевним и физичким, разарајући истовремено и нашу данашњу представу о томе шта је човечанству донело рођење богочовека: „иако се у освит овога јутра / ништа друго неће догодити од оног / што се догодило, кад време ово беше на / почетку“. Због тога што, како песник каже, „милосрђе беше за усамљене“. И они једино, можда, могу разумети да се та утеха, и то милосрђе, налазе само у неким пропламсајима бивших сфера, али Цветковић све то оставља на „опором одстојању“. Као да песников готово ишчезли лирски субјект спасава човека неке обмане, илузије – али не кроз језик који вазда за себе тражи грађу времена прошлих и свих оних којих више нема, већ као посматрач лаганих, једва видљивих историјских и цивилизацијских померања. У свету који према њему није ни наклоњен ни одбојан. Само равнодушан, слеђен у сребрним арабескама које се увек могу нечим заменити. Али никада мимоићи.

ИЛОВАЧА И ЗЛАТО
Иван Расшеґорац

Иван Растегорац (1940) припада оним не тако малобројним српским песницима чије је песништво, у најмању руку, недовољно читано и тумачено, што је резултирало скрајнутошћу овога аутора чак и у оквиру својих генерацијских исписника средине седамдесетих (нпр. М. Петровић, А. Пуслојић, М. Милишић, П. Цветковић). Растегорчева поетика, битно оплођена утицајима критички ангажованог веризма, али и елементима „поп" поезије, те једно време атрактивног „клокотризма", била је отворена за искуства других уметничких медија и језика, пре свега сликарства и вајарства, филма, фотографије и драмског говора. Разумљиво је да сви њени аспекти нису једнако подстицајни за критичара, али је неопходно скренути пажњу на она формално-значењска својства по којима се овај песник непогрешиво разликује од других, њему сродних, али и сасвим другачијих шифри поетског препознавања.

Осма по реду, досада најобимнија и најзрелија Растегорчева песничка књига *Недело* заправо је синкретички пројекат песника и сликара Стевана Кнежевића (1940–1995) чија изванредна ликовна решења кореспондирају са песничким текстом, не само као његова допуна, већ као функционални део читаве целине. Карактеристични наслов *Недело* грана се у више смисаоних праваца, од којих је неке наговестио песник у збирци *Лудо ґоведо* (1993): „Поезија је

зло / које се размножава. / Пазите, она оставља
ларве / између корица књига. / Инкубација тра-
је вековима" („Инкубација"). У некој врсти мо-
тоа своје последње књиге, Растегорац објашња-
ва смисао речи „недело", негативну одредницу
која се односи на чин песничког стварања, на
саму поезију, као неку врсту замене за људску
неаутентичност и немоћ. Отуда је и поезија сим-
бол немоћи, заправо сведочанство онемогућене,
блокиране човекове воље за моћи, за покретом
или гестом, за активним учешћем у гладијатор-
ској арени друштвених, политичких, историј-
ских, али и интимних, судбинских сучељавања.
За Растегорчево поимање људског постојања
није довољно рећи да је због тога окренуто истра-
живању тзв. малих ствари под „увеличавајућим
стаклом", или пак доследно депатетизоване улоге
песника и песништва у модерној цивилизацији.
Изопштеност и маргинализација људске јединке
доживљава се као нешто нужно, што се узалуд
опире законима телесног и дехуманизованог (че-
ста је лексика која упућује на биологију и физио-
логију), издељена на мрско, унижено тело и сла-
башни дух, на сребро и злато, мушко и женско,
променљиво и вечно, зло и добро, живот и смрт
(„Тело и ја", „Недело", „Увод у злодела", „Зло-
чин").
Прва дужа целина књиге управо тематизује
гранична искуства архетипова живота и смрти,
оностраног и овостраног који се преплићу, међу-
собно призивају и замењују места, како у „цар-
ству песниковог мозга", тако и у бескрајним
пространствима светлости, у којој се „наопако
крећеш / кроз звездани простор / све ближи
свом рођењу" („То је, дакле, живот"), са конкре-
тном алузијом на Дисов почетни стих из песме
„Тамница". Мотив свеприсутне и претеће смрти

која је песникова стална пратиља, љубавница и вереница представља изазов не само за продужетак живота, већ и за могућност да је бар тренутно надвлада љубав, најчешће оличена у вољеној жени, или Творцу, који је живе створове, па и човека, обележио смрћу и тиме их поштедео вечите патње. Древни мит о стварању човека од земље, иловаче, Растегорац значењски изједначава са златом, које симболизује „пламен сунчев, / краљевски карактер" и има моћ сједињења, бесмртност, постојаност у вечности.

Друга, краћа целина „Живи створ" састављена је од низа прозно-поетских записа или песама у прози, које су мотивски везане за свет фауне (мрави, скакавци, корњача, слон, змија, папагај, јеж, и др.). Треба рећи да је Иван Растегорац један од најзначајнијих представника жанра песме у прози у нашој савременој поезији, и да се она готово редовно појављује у свим његовим збиркама, било као издвојен циклус (рецимо изврсни текстови „Демон Антарктика" у *Лудом говеду*), или као природни прелаз од различитих типова слободног стиха ка параболично-алегоријској, фантастично-гротескној микро причи, цртици, фрагменту, квазидокументарном извештају и причи о животињама, слично Кафкином моделу или, пак, кратким прозама Ј. Аћина и Н. Митровића. Завршна песма овог циклуса и целе књиге „Живи створ" иронизује творачку улогу човека који заправо прави мутанта, Франкенштајна, „пресађујући главу заморчета на труп пилета", које пада у неку врсту хибернације, попут „раса" чији гласови допиру до нас кроз векове, било из дубина Атлантиде, било из смрзнутих масива Антарктика. Успавани једним покретом Свевишњег, сачувани од људског недела.

ПАМЋЕЊЕ ПЕСКА
Марија Шимоковић

Најновији рукопис суботичке песникиње Марије Шимоковић (1947) својим насловом и поднасловом „панонски квинтет" упућује на његове симболичке, топографске, културноисторијске и литерарне рукавце, али и на обликотворни принцип читаве збирке у чијем се „међуречју" међусобно дозивају њених пет циклуса уоквирених, попут сталне музичке теме, са по две октаве истоименог назива „Песак". Они у пролошкој и епилошкој функцији отварају и затварају драматургију Шимоковићкине књиге наглашавајући важност лајтмотива воде (капљица), песка и светлости што творе митску, фантазијску, женску подлогу на којој ниче „слободни краљевски град" Суботица. Он је један од субјективних и вечних, непролазних тачака преображаја временских епоха, укрштања различитих националних историја, култура, језика (наречја), архитектуре (здања), литература, али и колективних и индивидуалних „судбина и коментара".

Надахнута специфичним, тајновитим, а ипак тако драматичним панонским простором, песникиња његов метафизички усуд проналази у трошности песка и прозирности воде и неба – ово су три елемента без којих се не може саградити град, те његово стварање подсећа на само стварање света: „памћење и разбор песак собом носи / док с месецом дели осеке и плиме / дану броји сате / добу исход мери / знајућ наум земље и путеве вода". Почев од првог циклуса „Тиса" у коме се опева митско рађање „најмлађе реке", преко „Спрудова" („Поетика првог простора"), „Матице" („Азурни ковчег"), „Ада" („Кореспонденција") до последњег „Дунав", песникиња приповеда своје песничко виђење историјских и културних топоса, превасходно везаних за заплетене, каткада трагичне релације у средњоевропском и балканском културном простору, у троуглу Беч-Будимпешта-Београд, са Суботицом као специфичном регионалном, али и космополитском раскрсницом наталоженог времена и вртлога сеоба.

Због тога је велики број песама збирке *Међуречје* написан у виду приповести, историјске или фантастично-гротескне параболе. То се особито односи на први, други и четврти циклус у којима песникиња поједине мађарске и српске историјске јунаке (нпр. Сибињанин Јанко, Јован Ненад Црни, гроф Ђорђе Бранковић, Шандор Рожа, Јанош Понграц од Денгелега) романтизује и еротизује, уписујући у њихове легендарне повести и онај голицави, провокативни женско--мушки коментар. Тако све те приче из прошлости васкрсавају у садашњости на магичним видео записима, предвиђајући злехуду будућност, то јест нашу садашњост. У том смислу, особито су занимљиви цитати, асоцијације и алузије на поједине значајне ствараоце из доба сецесије и модернизма. Дух сецесије с краја прошлог века („Једна варијанта сеције"), који је до бола био приврженост лепоти и профињености тражећи је и у опијумским маглама, на крају нашег деструктивног XX века доноси собом само ехо носталгије и другачије испричану историјску причу о превареним, заведеним, изманипулисаним људима, о „етнички чистом лицу племена" које треба да

41

заблиста „у глобалном селу у галаксији". Због тога су посланице – посвете различитим ауторским личностима (Лехнер, Нађ, Чат, Кафка, Магрит, Хамваш, Киш, Р. Петковић, Црњански, Вук Караџић) увек дате кроз негатив старог и позитив новога времена, вечитим оком камере, лирски изванредно упечатљиве (нпр. меланхолична бајка о сецесијској лепотици Левитс и њеној потрази за тајном), а некада наративно разгибане, рапсодичне, циничне, али синтаксички не увек јасно разломљене, са понеком неуспелом поентом.

За Марију Шимоковић свет се указује синкретички, дакле не само кроз речи, наречја и међуречја панонског подручја („Tabula Panoniana"), већ и кроз призму звуковних, сликарско-архитектонских, литерарних, психоаналитичких и филмско-фотографских матрица). Управо му оне обезбеђују „ширину експозиције" у захвату, „дупло дно" подсвесних шифри („Traum mit Wirklicheit"), критичност која огољава и детронизује нашу епоху у којој су сви митови постали вулгарне карикатуре, док „магловитост сфумата" песникињи омогућава истанчано нијансирање душевних покрета. Средишњи циклус „Матица", у ствари, поема „Азурни ковчег", написана поново у римованим октавама, симболизује људско и цивилизацијско зачеће и смрт, као и обнову живота у води и песку: „Сад врели и бели усред зрна кварца / замишљају чарку поновног рођења, / филмови им трају у области свитка / ко залог свемира, празник ваведења". Тако људски лик занавек задобија искру бесконачности, одсјаја у води, бесмртности у песку.

О БЛИСКОСТИ У СНЕГУ

Тања Крагујевић

Већ у својој претходној збирци *Аутопор-тре̄т, са крилом* (1996) Тања Крагујевић је уочљиво наговестила неке од мотивских, стил-ских и језичких промена које ће своју још суп-тилнију артикулацију остварити у својеврсном дневнику слика, последњој ауторкиној песничкој књизи, једанаестој по реду, *Словочувар и сло-вочуварка*. Али, оно што је овом приликом посебно важно истаћи јесте управо тај помак у поимању саме технике песме, односно њене језичке реализације, која сасвим напушта тзв. дубински рад у језику (са свим његовим позитив-ним и негативним конотацијама), као и нагла-шени митско-фолклорни предложак и окреће се обликовању специфичне поетске атмосфере која своје исходиште дугује појединим симбо-личким ситуацијама ослоњеним на женско спи-сатељско искуство. И управо та, „у свој мирис за-кључана жена“, проговара у овој збирци не само из персоналне позиције, каткада веома интимне, већ и као посматрач, коментатор, који кроз по-ступак дескрипције посредује слично сазнање.

Словочувар и словочуварка се и у компо-зиционом погледу разликује од досадашњег начина ауторкиног распореда насловљених пе-сама на циклусе, и опредељује се углавном за краћу, фрагментарну, ненасловљену стиховну форму чији се значењски континуитет заснива на јединственом емоционалном утиску понирања у властити женски и песнички идентитет, кроз стално присутну двојност мотива и слика. Најучесталије речи које се у овој збирци појављују су снег/зима и блискост, које истовремено указују и на комплементарност појединих изврсно уобличених женско/женских прича (нпр. у почетним стиховима „Осећам блискост / према жени / коју угледах са прозора гостионице/ у њеној одаји / у мени непознатој вароши"), а некада су контрасне и парадоксне („Блискост / у мирису снега").

Међутим, уводна песма наговештава да се потрага за блискошћу (женско-мушком, људском, пантеистичком) остварује једино онда када се поетска енергија („У месечевим саонама / спуштам се") улије у слово које наново креира свет ружичњака и иња, тескобе и страсти, непрестано „тражећи у песми крви / реч задату својој речи". И тако се у збирци *Словочувар и словочуварка* свет језика непрестано прелива светом слика, поунутрашњених призора који постају јава тек у језичкој стварности, или се чак од њих и не разликују, јер их ствара „неко у мени / не питајући ко сам". Лирска јунакиња успоставља различите односе блискости и према женственом у себи, и према ономе чега се страшно боји, а то је „стварност ужасних снова", њено друго лице, можда једино истинито. Тања Крагујевић ове „слике блискости и снега" као вечито супротстављене принципе обликује кроз фигуре изгубљеног детета или девојчице која открива своју еротичност, али и кроз низ митско-фолклорних топоса познатих из претходних збирки који овде делују помало анахроно, особито у лексичком смислу (нпр. песме „Блискост осећам према граду Расу" или „Под главом му везен буквар").

Најефектнији су у овој збирци можда управо они текстови који су по типу готово имажистички и због тога своју експресивност не заснивају на компликованом језичком нагомилавању, већ на једноставном, чисто изведеном призору у којем је почетна метафоричка слика доследно развијена и стога значењски прецизно поентирана (такве су нпр. кратке песме „Малена је уза ме пратња“, „Најзеленије је дрво“ , „Име јој са обе стране / придржавају голубице“ или „Можда би се / негде и скрила“). А фантазија зимског даха, миле гривне од леда, иње васионе увек се укрштају у снази трна, том омиљеном песникињином симболу, у грлу пуном ружа чији је врт опточен црвеним кончићем, као Јефимијин покров или књига, као суштински вид блискости, увек другачији.

—

ГОВОР МЕСА
Стеван Тонтић

Тренутак у коме се појављује књига *Олујно jato* сарајевског песника Стевана Тонтића (1947) указује на чињеницу да је овако сачињен избор из досадашњег опуса, коме су придодате и нове песме, знак не само некакве пригодне рекапитулације, већ и другачијих актуелних смисаоних тежишта која могу битно променити читалачко и критичко разумевање досадашњег „пређеног пута". Поједине мотивске и формално-језичке константе Тонтићеве поетике тиме се продубљују и усложњавају драму постојања лирског јунака, која врхуни у балканској и босанској апокалипси последње деценије управо протеклог века, као исход и цинично сведочанство „знамена меса", стихијне силе уништења и обезбожења свега људског.

Уводна и завршна песма ове књиге „Тренутак у плавим брдима" и „О, што си прослављен Господе" представљају песниково иронично тумачење песама М. Павловића „Почетак песме" и „Научите пјесан". Насупрот снази одуховљења и обоготворења кроз чин сећања и обновљеној вери у снагу поетског говора, Тонтић истиче стварност људског и божанског ништења, немоћ да се унутрашња празнина превлада ичим другим до утапањем у оно што остаје иза историјског, идеолошког и метафизичког зла – очај, протест и крик, привикавање на физичку близину смрти, робовање анималној, разорној сили меса. Апсурдним и гротескним тоном, сталном депатететизацијом смисла, извртањем сакралног у профано и банално, понекад и вулгарно, песник не само да региструје одсуство било какве суштине (цивилизацијске, естетске, антрополошке), већ као да уништава и те преостале делиће оних тренутака који су му омогућили постојање, макар и у пропадању: „И гле: моје се месо блиста на мени / као на каквој животињи / Славни су сви крволочни ударци / који ме нису мимоишли и оставили самог / Очај – он је славно роварио / у мојој унутрашњости / Славни су сви тренуци у којима сам пропадао / зато што су они постојали – ја постојим“ („Живот је одличан“).

Због тога је песнику пад у бездан и присуство смрти ближе него уздизање у светлосне ауре, а људско и национално посрнуће само је симптом свеколиког урушавања времена у којем су постојали различити симболи („Тужбалица“). Јововски протест тако је замењен опором констатацијом о губитку везе између човека и бога, о узајамном окретању погледа, при чему се изнова почиње од „свете нуле“. Бог је насељен у месу, том наличју светости: „Плаче ли бог у месу мрачном. / Плаче. / Да ли је соколе месо свето. / Свето. Пресвето. / Хоћемо ли цркве китити месом. / Хоћемо / Хоћемо ли појати химне месу. / Хоћемо. / Хули и посвећуј сине. / Хвала оче. / Једи ме једи прогутај ме сине. / Сит сам оче“ („Балада о месу“). Лирски глас стога се оглашава из дубине крви, из душа „пријатеља-голаћа“, „пријатеља-злочинаца“, копача рупе у коју бесповратно цуре сви покушаји да се испевају „безумне химне и оде“. Она је котао, рака у којој се „кува Чорба Свега“, наказни божји сан где се људским месом мора умилостивити „Велика

Животиња", која стоји наместо божјег олтара, наместо Цркве („Животиња од злата").

Песма „Улазак у Ивана Горана Ковачића" отвара најобимнији циклус ове књиге, преузет из збирке *Сарајевски рукопис* (1993). Сугестивна слика песниковог уласка у тело „закланог И. Г. Ковачића" симболички материјализује Тонтићеву обузетост магичном енергијом злочина и смрти, из које он парадоксално црпи светлост, наду и веру у неки нови пут, слично Миљковићевој песми „Горан" („Крв је моје светло и моја тама"). Лирски јунак Тонтићеве песме жели да на себе преузме телесно обличје овог трагично настрадалог младог песника и да тако понови исту судбину „прекланог пјевца" и умореног српског народа („Елегија за прекланог пјевца", „Слике", „Гроза"). Ратна катастрофа и лично изгнанство још више наглашавају песникову посвећеност смрти, њен гротескни, оријашки поход, рецимо у песми која је посвећена успомени на Г. Тракла „Самоћа, вино": „У касарнама ври / Около свјетски мир цвате / Рујни младићи у лудницама / Бијеле се сеје у болницама / Лепрш анђела на решеткама / Змијска јаја под праговима / Плави се оштрица ножа / Мрачно крух с вечери шапти". У тренутку када постоји трачак вере, када се лице божје зрцали у „осунчаном сметлишту", песник ипак не може само да чује глас спасења, већ се и даље предаје смрти, што је тражи од „часа самог рођења", сам пред собом, огољен као живац, у свом месу-оклопу. Месу које хули и прославља Господа.

ДРАМА ПОДВИЖНИШТВА
Мирко Магарашевић

Поетички подстицај Миодрага Павловића да песник сваком својом збирком мора истраживати различите облике људског и песничког искуства, постојања и мишљења, уписан је и у стваралачки опус Мирка Магарашевића (1946), чија се последња, девета збирка *Молбеник Светог Саве* налази на супротном полу од претходне *Стреле Еросове* (1994), у којој се аутор бавио „анатомијом еротике", сугеришући, ипак, да је „срца дрхтај – залуд почет / И речено је: пролазан". То је она тачка у којој се ове две књиге, иако сасвим различите, на известан начин додирују, али и разилазе. *Молбеник Светог Саве* означена је као поема, при чему је њен формални лик сасвим преобликован. Укупно 15 фрагмената означени су као певања, а епско-лирска структура ове врсте прожета је монолошким и евокативно-медитативним говором Светог Саве, чија фигура објективизује песников лирски и меланхоличан, а уједно и веристичко-критички глас преиспитивања личних и колективних путева достизања светости.

Поема има своје драматуршке законитости у више слојева: није реч само о смењивању лирских и епских фрагмената, већ и о различитим типовима говора (лексички и језички каткада супротстављеним) главног јунака поеме, који се обраћа час српском народу опомињући га на заблуде и грешке, час испитује властити однос према Божанском и светом, понекад попут хроничара разгрће историјско време преламајући временске перспективе прошлости или оновремености, садашњости и будућности. Формално разуђена и у појединим сегментима римована, поема М. Магарашевића иако језички прецизна и алузивна, није се дала сабити у везани стих, већ је ближа авангардним настојањима неких српских песника који су инсистирали на упечатљивом графичком лику песме (нпр. тзв. „бокораста" структура Димитрија Митриновића).

Монолошка рефлексија Светога Саве рачуна са нашим културноисторијским памћењем, па ћемо у њему препознати и Исусову драму између људског и Божанског принципа, али и Доситејеву просветитељску мисао о вечитој људској тежњи да превазиђе мрак опсене, привида, слабости и „безверја". Због тога Свети Сава говори различитим историјским стиловима: библијски алегорично и параболично (особито седмо, девето и десето певање), актуелним критичким језичким идиомом (осмо певање), укључујући неологизме, архаизме, рускословенске и славеносрпске речи, да би кроз тај преплет непрестано опомињао на кључну смисаону и метафизичку димензију свога гласа – „равнотежу недовршености", сумњу да ли хрлимо Богу чија „Реч јесте Свет", или ништавилу, иза којег остаје само немерљива тишина, „Вапај тежње самотне / Сред росе на ружи надгробној, / У души његовој сред пустиње".

Данашњем читаоцу *Молбеник Светог Саве* свакако не може пружити утеху, већ упозорење да болно подвижништво утемељивача српске цркве и духовности указује на властиту несавршеност и „расцват лица и наличја", на „дрхтај ваге која лако губи меру". Отуд се у поеми евоцира и магловита недостижност Бога и искушења оних који од њега одустану љубећи лаж, одричући се милости, љубави, опроштаја, у име грабљивих, а тако пролазних световних искушења. Но, *Молбеник Светог Саве* није поучна и демагошка, већ критичко-рефлексивна поема која опомиње на вечити усуд људске пролазности. Тело Света јесте тело Божје, али као отворене ране, изнутра дубоко подвојене, јер како то записа Винавер у својим *Мислима* – „Бог можда и не зна за наше постојање“. Спознавши себе, морамо спознати и ту рану, али као тајну, загонетку, никада сазнатљиву. Јер, религија и није само обична исповедна молитва о себи, већ и како говоримо о себи. А песник Мирко Магарашевић подсећа нас да васкрснемо заборављене облике љубави и самосвести, без лажног ореола таштине или немоћи.

БАРОКНИ ОДЈЕК
Милосав Тешић

У досадашњим многобројним критичким и аналитичким текстовима о песништву Милосава Тешића углавном су истраживани и високо вредновани лингвистичко-језички аспекти комплексног поетичког система који почива на звучно--хармонском сливању четири кључна тематска круга: аутопоетичком, еротском, егзистенцијално-спознајном и национално-културном. Они су, међутим, надсвођени метапоетском димензијом која предмет свога певања непрестано претпоставља условима обликовања стиха и форме, посебно својеврсној онтологији и естетици слова, „крварећим сугласницима" и „вокалским сликама", да парафразирамо Дилена Томаса.

Међутим, смисао досадашњег песничког опуса М.Тешића, како је то представљено у недавно објављеним ауторовим *Изабраним песмама*, треба превасходно тражити у начину његове поетске комуникације са свеукупном књижевном традицијом српскога језика, њеним фолклорно--митолошким наслеђем, паганско-хришћанским, особито православним духом, као и бројним интертекстуалним релацијама (од народне књижевности, преко барокних песника, романтичара, модерниста и авангардиста, све до Миљковића, Лалића, Вукадиновића, Павловића и других). Стога је кључно питање приликом промишљања Тешићеве поезије, па и ове збирке *Круг рачански, Дунавом*, која се први пут појављује као за-·

себна књига, тип метафоричке имагинације, однос између лирског субјекта или јунака према његовим бројним фигурацијама и специфичном погледу на свет који одговара духу епохе с краја века, у којој се онтолошка празнина може населити једино чежњом за Светим и Божанским принципом.

Он се свагда појављује у својој вечитој растрзаности на дух и тело, говор и писмо, звук и ћутњу, историју и метафизику, одлазак и повратак, љубав и смрт – што сведочи о језику времена, али у Тешићевој поезији истовремено и о времену језика.

Круг рачански, Дунавом управо преакцентује неке важне топосе и исходишта барокне поетике, које аутор прилагођава не само персоналном избору стиха (најчешће јампски једанаестерац) и сталних песничких облика (триолет, рондо, децима, лауда), већ и регионалном одређењу једне универзалне историјско-егзистенцијалне ситуације. То је Велика сеоба и одлазак последњих представника који стоје на размеђи средњовековне и барокне епохе – преписивача и песника манастира Рача на Дрини – у окриље једне друге цивилизације, до које се путује митском реком Дунавом. Ипак, и поред Тешићеве мотивске везаности за поједине историјске детаље, који се каткада односе на конкретне догађаје, као што су песме „Пут Паноније“, „Као лађа на пучини“ или „Рачанска балада“, поетичко и значењско тежиште не треба тражити у хроници српског колектива, нити у извесним актуелним конотацијама, већ у илузији потонућа језика у времену које је сачувано у иконостасима манастира Рача или сећању монаха на лепоту свакодневице. Ликови Теодора, Симеона, Кипријана, Јеротеја или бројних непознатих монаха отело-

творују латице сачуваног јаства, те бивше цело-
витости, коју више ни сећање ни језик не могу
васкрснути, већ једино прожети мистичним
светлом Присуства, када се сретну рука и харти-
ја, усна и слово, у том додиру („Са дентала –
влажно, вално – / капне љубав лабијално", или
„У псалтир-ткању слово иже свело. / За словну
румен залази ми тело"). Јер стари песници-пре-
писивачи, изложени терору и погибељи, свагда
своју егзистенцију поистовећују са оданошћу
Слову, које је нека врста иницијације њихових
пређашњих и будућих живота, описивање круга
рачанског, драма обиласка од „ижице до аза"
(„Чудо у Рачи"), од система старог језика и
азбуке до одређења властитога субјекта који
„трепери бордо корицама".

Нови стиховни и формални говор који посре-
дују Рачани (посебно Јеротеј, Гаврил Стефано-
вић Венцловић или Непознати Рачанин) не само
да васпоставља барокни дуализам, већ га усме-
рава у правцу песниковог померања акцента на
метафизичку раван у којој бивствовање и писа-
ње могу бити једно другом надахнуће и простор
самоиспуњења, али готово никада стопљени као
код старих писаца. Јер, како је давно написао Е.
А. По, сасвим у духу барокног одјека: „Ох, ти
који ово читаш, још увек си међу живима; / али ја
који ово пишем / одавно сам већ отишао у пре-
део сенки". Скица за повратак преосталима,
живима или мртвима у Рачу, или вечити одла-
зак, Дунавом, тамо где у стопи крст је, а стих у
путиру, сентандрејском.

ПРОЖИМАЊЕ ТАМНИМ
ЗНАКОВИМА
Јован Зивлак

Песништво Јована Зивлака (1947), иако је у себи од прве збирке амалгамисало најбитније аспекте модерног песништва, некако је до данас остало по страни, издвојено и заокружено у свом особеном стваралачком напору. Зивлак експлицитно не припада ниједном од водећих послератних поетичких усмерења (коликогод она била само арбитрарна), као што су митопеизам, језикотворна традиција, неосимболистичка или лирска струја, критички веризам, експериментално-формалне тенденције карактеристичне за седамдесете године српске неоавангарде, или пак обновљено, у много чему ретроградно интересовање за традиционалне теме, облике и стих који су обележили добар део српске поезије последње деценије протеклог века. Оно што је, у извесном смислу, до последње, десете ауторове књиге остало њен препознатљиви знак јесте загонетна мера језичке алузивности када је у питању емпиријско и свеколико литерарно, односно цивилизацијско упућивање. Мотиви Зивлакових песама артикулишу непрестану песникову сумњу у вредност повлашћених „песничких тема", односно свест да језик само кружи око бића, оцртавајући његове контуре, или како би песник рекао „аурине сенке".

Управо овај расцеп бића, његово осипање, уситњавање, неистоветност са самим собом и језиком који га мистично материјализује, опева

55

Зивлак у једној од уводних песама „Венац“: „ослу-
шкивао је биће. али његове размере / није могао
да назре. биће је горе / доле / у средини / или је
на земљи / ваздух небески / или на зденцу пије
само себе. / биће је венац на стази / звоно и звук
који се враћа у / суштину шупљу“. Говорна
позиција песничког субјекта је увек у сфери не-
одређеног, било да је дата у првом, трећем лицу
или квазидијалошкој форми обраћања. Песник
као да рачуна с тим да његов говор неће чути
сви, односно да и не треба сви да га чују јасно и
разговетно, већ да неком врстом ироничног ша-
пата, опоменом да су језичке везе прозирне, ла-
баве, али понекад убитачне – покрене читаоца на
егзистенцијално-сазнајно „обретење“, заправо
суочавање, одмеравање разлике, уочавање понов-
љивости и релативности.

Онеобичавање „простора песме“ („Предео“)
такође је предуслов за песниково суптилно ра-
слојавање митских шифри – особито су функцио-
налне оне о смислу певања, о орфејској теми,
енергији Танатоса која зрачи из сваког обраћања
Души, Еросу, Присуству. У два централна циклу-
са збирке „Океан“ и „Прамење“ тема језичке не-
достатности и истовремене нужности изрицања
експресивно се издваја из обиља понекад херме-
тичних асоцијација: „он метеж призива који га
веселим чини / и не сећа се како кљасти језик лу-
та у пустињи / и у звуковима неразговетним /
мећ сврачјим кљуновима лови заборављено име“
(„Овидије“). Песников говор, према Зивлаку,
јесте изузетан у оном ретком елитистичком
смислу на које савремено српско песништво
углавном није навикло. Иако је суштински уте-
мељен у речима, он зазире од сваке „плеве речи“ и
памћења „кратких ногу“, од сваке прејаке форму-
лације која се директно обраћа читаоцу, апелује

на њега, препричава свет. Зивлаков говор креће се између сумње и очигледног, између непорецивих сазнајних, етичких, политичко-социјалних и психолошких чињеница и њиховог одзвона, проблематизације у сложеној стваралачкој нерватури.

У том смислу, песниково делање призива нешто што је на супротном полу од испразног брбљања и пролиферације речи: „да зури кроз немост / и трага за праменовима непоновљивости" („Речитост"), да аскетски подноси повратну снагу истих тих речи, које управо у песничком тексту добијају свој једини могући лик: „али ја сам овде у пустињи свога језика / у његовом безнадном загрљају / у твојим сам даховима узимао његове / мишице / слушао његову сипљиву тврдоћу / његова ме тама обузимала / и бацала у олујно месо" („Муња"). Тај „виши живот" који песнику открива душа (његова, женска, људска, Божја) јесте она бодлеровска надреалност која језик поезије непорециво одваја и омеђује од реалног живота. Али он не остаје затворен у скупоценом прамењу језика, у његовим сликовним арабескама, иако би се баш у формалном смислу у Зивлаковој поезији понешто могло и променити, иновирати. Напротив, он све време указује да је услов постојања песничког текста покушај приближавања, обухватања, наслућивања бића, које иако га људи срамно поричу и раздељују, ипак пребива у телу онога чије је срце искидала муња.

ПАКЛЕНО ЧИСТИЛИШТЕ
Новица Тадић

Најновија књига Новице Тадића, једног од нај-драгоценијих песника српског послератног песни-штва, спонтано наставља поетичко-смисаони лук збирки које су се учестало појављивале послед-њих година: било да је реч о новим, ауторским изборима већ објављених Тадићевих књига (*Ули-ца и потукач*, *О брату, сестри и облаку*, *Ноћна свита*, *Напаст*), било о потпуно новим рукопи-сима као што су *Непотребни сапутници* (1999). Изузетно место у критичкој и читалачкој реце-пцији песник је изборио захваљујући непреста-ним истраживањима метаморфоза и метастаза зла, које упућује на дијаболични, нихилистички пројекат света као Содоме и Гоморе у којем поје-динац, песник бивствује окован самоћом и изо-лацијом што се указује у форми егзистенцијал-ног, нужног определења.

Томе је нарочито допринео ауторов особени песнички поступак, који се од наоко веристичких детаља, слика, призора и ситуација за трен изме-шта у просторе халуцинантне, ирационалне и готово магичне позорнице, где царује изобличена и осамостаљена предметност с којом и сама песни-чка фигура или глас губи своју првобитну везу, преображавајући се у њена карактеристична (по-себно на лексичком плану) демонска лица. У том и таквом свету лирски јунак се не само подваја, дакле функционише као вечити, проклети двој-ник, већ се умножава, мењајући реторичке ослонце говора, а устаљене одреднице добро-зло више и не могу да важе, јер се у Тадићевој „изврнутој Библији“ све одвија према неким другим, фантастично-гротескним законитостима које измичу било каквом рационалном објашњењу.

Окриље је у сваком погледу сложенији и обимнији наставак претходне збирке *Нейойребни сайуйници*. Збирка је компонована лабаво, готово линеарно, без поделе на циклусе или било какве везивне целине. Највећи број текстова припада жанру песме у прози, параболичним и конфенсионалним записима, кратким, афористичко-иронијским стиховима, затим тзв. бројаницама, псеудовезаним катренима, да би на самом крају аутор укључио подужи лирско-фрагментарни прозни циклус „Болница међу чемпресима“, чије је место унутар збирке свакако повлашћено и по нашем осећању би могло бити посебно издвојено.

Егзистенцијална језа и згађеност над људском, па самим тим и властитом опачином обележава готово све текстове Тадићеве књиге. И када говори кроз гротескне фигурације („сподобије“, „чова-сова“, „костур-коловођа“, „шаптач песама“), песник их изналази у себи, у некој врсти сажете, сликовно веома упечатљиве интроспекције, нарације или описа. Свагда распет између прародитељског греха, „места скривеног злочина“, који га невероватном, смртном силом вуче ка тами Дантеових кругова и светлог, астралног „окриља“ – молитве за смирењем и очишћењем, Новица Тадић непрестано развија регистар емотивно-спознајних позиција својих лирских јунака. Каткада је у питању његова опора, аутоиронијска мизантропија, карикатурална критика „буке и беса“ демагога, псеудотумача поезије и преокретање традиционалних хришћанских топоса. Такве су на пример песме: „Опроштајно писмо", „Нови станар", „Из окриља", „Похвале", „Моја музо", „Однекуд", „Божји цитати" и једна од најбољих у збирци „Знак крста": „Немој ми говорити / о пространствима. / Чим изађеш из свог кутка, / почнеш да испредаш лажи. / Устани, рашири руке / — то ће бити довољно. / Распет си као и ја, / и то смело покажи". Ова кратка песма управо је пример Тадићевог мајсторства у стварању поетског смисла који је утемељен на парадоксу и инверзији саме слике, односно изокретања њених очекиваних значењских смерница.

С друге стране, један број текстова, особито оних који имају молитвену интонацију, приближава се традиционалном исповедном тону, који каткада призове Исидорине „Молитве у Топчидерској цркви" или Велимировићеве „Молитве на језеру". Такве песме у прози имају наглашен патетично-ритмички набој, на пример „Молитва из тмине" или „Молитва за смирење у Господу": „Вазнесени Господе, мили Боже мој, ја остадох у тмини, међу демонима. С неба спусти огањ, огреј ме, освети грехе моје, претвори ме у пепео и дим који се према Теби диже". Прилагођавајући молитвени жанр својој поетици, Новица Тадић непрестано указује на наизменичност светлости и таме, на могућност да сами Бог покреће Ђавола да искушава човека, у којем се трајно насељава и „буди у њему злочиначки покрет".

Циклус „Болница међу чемпресима" тематизује мотив лазарета из свакодневне, урбане перспективе, наглашавајући моменте труљења, распадања материје, односно људскога тела. Прецизна документарна слика изнутра црпе митске архетипове, пре свега прелазак преко Стикса, очишћење и досезање чисте, апсолутне духов-

ности, која се показује као чиста илузија, кома-
тозни сан. Јер, песник се ипак враћа својим
ожиљцима на телу: „Поезија. Дашак. Мир. А
можда ни то" (20). Тако остаје део мртве приро-
де коју му је досудила његова Паклена Муза.

НЕИМЕНОВАНА СТВАРНОСТ
Драгиња Урошевић

Основно поетичко исходиште целокупног опуса Драгиње Урошевић утемељено је у природи као основном изражајном медију и остварењу ауторкине панеротске и пантеистичке поезије, кроз укрштај파ганско-анимистичког, митско-митолошког и хришћанског односа лирског гласа према том материјализованом духу. Тај глас клизи границом која означава усхићење и озареност, али и помирење и благост са целовитошћу света (сетимо се песме „О једности света"). У њему као да нема доцнијег расцепа на дух и тело, јер управо природа чији је песнички глас њен неодвојиви део има властити дух, који подастире и подстиче и сам чин песничког стварања.

У најновијој књизи чији српскословенски наслов *И ниње и присно* значи *И увек и сада*, Драгиња Урошевић проширује неке од својих досадашњих тематских кругова, али из перспективе поособљеног, личног и женског доживљаја божанског као вечите присности бића и залоге нашег трајања кроз историју и време. Евоцирајући културне, историјске, религијске (православне) одреднице српскога народа који свој идентитет заснива на немањићкој традицији и „храмовима-ружама" (већина од девет циклуса збирке зачета је у додиру са српским светињама, нпр. „У Студеници", „Завештање", „Жича или седам порфирних застанака", „Сопоћани", „Пред фреском Светог Јована Сопоћанина"), песникиња светост осећа као свет-раскош, пуноћу, који није свима дат на спознање, иако је мистично присутан. Код ње се ово осећање превасходно оваплоћује у чежњи за измирењем земног и небеског, која је изнад свих других осећања неуништива, непролазна и временом немерљива. То је можда најсугестивније изражено у циклусу „Завештање" који припада говору жене, песникиње и њених великих претходница (Јефимије, И. Секулић, К. Атанасијевић, А. Савић-Ребац, Д. Максимовић). Песникиња, међутим, има у виду и „све жене нашега рода / које са чежњом мислише о великим вратима", односно о уласку жене у Хиландар. Та је песма екуменска, и не врши никакво феминистичко превредновање традицијом и догмом утврђених вредности монаштва већ је, насупрот томе, нека врста захвалнице „светој браћи" што су и у име женског рода поднели терет искушења и завета Богу.

Некој неименованој, будућој жени (са асоцијацијом на Јефимију и њено замонашење), песникиња преноси свету поруку о „продубљеној нежности" за све оне које искусише благодети божје – материнство, заштиту сирочади, „за дугине заносе у њиховим срцима, / једину извесност у животу". А она увек подразумева и чулно и духовно препуштање нуминозном: „Поверуј својим духовним очима, / својим чулима препуним мириса и боја,/ да је и светост извесна, / да нас и и у крхком знању чека нада". Нада као „неименована стварност" препознаје се чак и у циклусима који на први поглед одударају од темељне композиционе вертикале збирке, као што су „Отац" и фрагментарна поема из римске митологије „Амор и Психа". У првом је наративним поступком призвана у свест фигура оца као залоге „дубине и опстанка", а у завршном циклусу смисаоно тежиште је Урошевићкино поетско тумачење приче о Амору и Психи, о љубави између људског и божанског, земног и небеског, о томе како се Амор загледао у „небеско у земаљском стасу". Песникиња попут, рецимо, Злате Коцић, такође промишља старозаветни мит о стварању човека као мушкарца и жене, као једног у различитом, и због тога врхунске божје креације. Није случајно што је Психа (душа) управо доминантна категорија у песничком систему Драгиње Урошевић, која спаја „даљине са присношћу", тренутак пролазности са вечним записом срца, божанске и људске законе и епифанијске тренутке тога преображаја у песничком тексту. Јер, „ако кажем: љубав / да не изневерим светлуцање трена / у крвавој боји вина / истеклог из ововремја расутог по призорима, / сликама, књигама, ситним детаљима / и великој шаци пријатељства? / И зато не именујем стварност, / сати ће сами казати своју суштину, / именом и презименом наклонити се времену" („Неименовано"). Пред навирућим светом јености у духу, нежних речи које милују праг другог дома, у непрекидној светлости друге јаве доступне, ипак, сваком човеку и жени, једнакима у трену „застанка дисајних путева". У равнотежи предака и потомака, у сећању на никада досегнуту страсну меру.

СТЕПЕНИЦЕ КА НЕБУ
Братислав Милановић

О песнику Братиславу Милановићу не постоји велики број текстова који релевантно и промишљено тумаче разнородне аспекте његове поетике, можда и због тога што је овај аутор правио велике размаке између својих до сада објављених збирки (*Јелен у прозору*, 1975, *Клатно*, 1980, *Неман*, 1987, *Балкански певач*, 1995). Његова поезија разумевана је с једне стране као нека врста „негативне утопије" у духу критичко-ангажованог веризма седамдесетих (Ј. Лукић), а с друге стране као нека врста модернизованог, традиционалног лиризма (М. Пантић). Најновија Милановићева збирка синтетизује поетичка исходишта која су присутна још од *Јелена у прозору*: она су укорењена у перманентној егзистенцијалној кризи која подразумева простор сталног преиспитивања властитог идентитета на линији граничних искустава, особито сна што деформише и сам субјект и свет, показујући му своје застрашујуће облике. С овом темом повезана је орфејска тема, дакле тема песничког говора, која је своју пуну вредност добила у збирци *Балкански певач*. Код Милановића се певање по правилу није поимало као катарзички спас за некаквом хармонизацијом лирског субјекта, већ је само постојање увек било јаче од могућности да се о њему говори. Отуд је његово присуство увек дато кроз потпуно обнажење и готово физичко раздирање, у ефектним, понекад

65

драстичним метафорама, али као нешто што блокира саму могућност певања и глас који се кроз њу пробија, готово са телесним мукама.

Четири циклуса збирке *Враша у шољу* („Са мисирског папируса“, „Пчеле, бадеми и вино“, „Балада о лажи и псу“, као и завршна поема „Врата у пољу“), управо сведоче о песниковом страху да не пропусти епифанијски тренутак присуства песничког говора, који је сувише редак, готово смртни. У уводној песми „Разговор са коаутором“, песник се обраћа себи-другом, „истоговорнику пресудних слогова упућених / у тежиште света као међу женска стегна“. Оном истом песнику који је у збиркама *Клашно* и *Неман* био паралисан мртвилом света и његовог творца који ствараоцу (фугуре сликара, песника, научника) нуди премало импулса за смисао поетске артикулације и артикулацију смисла.

Тај смисао Милановић је утемељио у евокацији историјског и митолошког наслеђа балканског простора, уважавајући пролазност и промену као и безвременост, али и одређење свога гласа у новом цивилизацијском контексту. Песник се у својој последњој збирци изборио да пева упркос историјском безумљу, јер његов говор сажима муку неименованих, а тако живо присутних колективних судбина у метежу ратова и сеоба, после којих се слежу мир, глувило, слепило испод танке корице леда: „Нико не може стићи даље одавде, / нико не може отићи одавде, / на овом је месту заустављен и скакач / над водом и његов крик“ („Стара капетанија“). Ипак, песник освешћује своје сазнање да упркос пребирању по мутним пределима језика, он поседује вештину алхемичара, који „пребира зрневље расуто по језику, као да испира злато“. Национални и

историјски мотиви из прошлости и трагичне са-
дашњости показују да је Милановић достигао
ону тачку ослонца и зрења која збирци и чита-
вом досадашњем опусу подарује извесну пое-
тичку равнотежу и стабилност. Он се њима не
служи на начин етнографа или путописца, нити
користи јефтину патриотску реторику. Напро-
тив, Милановић од реалних простора / градова
ствара лирске апстракције и сакралне визије,
премештајући моменат садашњости у вечност:
„И то је песнику дато: да из подземља, / место Еу-
ридике, излудео од љубави, / изводи један град а
да се не осврће на његов / тежак корак, на његов
у напору испрекидан дах" („Триптихон за Алек-
синац", 2).

Због тога се у завршној фрагментарној
лирској поеми „Врата у пољу", песник потпуно
отворио ка трансценденцији и бескрају. Појавно
и перцептивно узмиче пред спознајом суштине,
али је она сада повезана са потпуном изложено-
шћу „вратима ума", као код Шекспировог Лира.
Тек сада, са разоткривањем властите грешности
долази до праве катарзе, која је еротска, егзи-
стенцијална и онтолошка истовремено. Страх,
стрепња и сумња бледе пред лицем смрти, а
прелазак преко њеног прага очарава га љубав-
љу, тек сада нађеном, сигуран једино у ход који
га неизвесно води „с ону страну зла, с ону страну
таме".

ОПРОСТ ЗА НОВА ПОСРНУЋА
Мирослав Цера Михаиловић

Мирослав Цера Михаиловић (1955) припада оној групацији релативно запостављених песника у критичкој рецепцији, који се радије помињу и слушају уживо, него што се о њима пише. Његова „говореħа" поезија писана врањанским дијалектом, више се доживљава као нека врста естрадне екстраваганције, него као песништво за „култивисаног читаоца". То није случај са ауторовом деветом збирком *Лом*, у којој се Михаиловић прикључио преовлађујуħем току савремене српске поезије везанога стиха и сталних песничких облика, као и тематизацији кризе божанског начела у самоме човеку, али и на општем цивилизацијском и метафизичком плану. Уз то, аутор на само-ироничан начин у шест циклуса своје последње збирке укључује и преиспитивање смисла писања поезије (рецимо уводна песма „Модерна", а затим и „Постмодерна"). Оне се могу тумачити као аутопоетички, резигнирани коментар о судару „лома језика", „реда катрена и рима", „закона вокатива" са оним флуидним, застрашеним песниковим „ја", чију целовитост одржавају још само седативи, док му је име „на црној листи", јер „чему из пакла бити песник / док човек дрхти од човека" („Катрен").

Из циклуса у циклус („Општа места", „Мрља на мапи", „Кључне тачке", „Кап", „Оно" и сонетни венац „Лом", као и завршна песма „Милост, Господе"), Мирослав Цера Михаиловић степенује једно апсурдно осећање себе и света који је ишчашен из свога зглоба, често из позиције у којој су стварна песникова личност и лирски јунак нераздвојиви, и обликују реалност текста привидно потпуно емпиријски. Овакав поступак често користе песници којима је поетски циљ уједно и транспарентан и мимикријски, попут Бећковића, Бране Петровића, Слободана Стојадиновића или Р. Петрова Нога, с тим што се код Михаиловића овога пута запажа и утицај М. Тешића, посебно у покушају да се егзистенцијално жариште, али и бројни историјски, дневно-политички и ини коментари подреде одређеним версификацијским и формалним решењима, које песник исписује са завидном умешношћу. Отуд се у збирци *Лом* појављују и дистиси, и катрени, и сонетни венац: деветерац, лирски десетерац, дванаестерац, кратки четверац редак у нашој поезији, и унутар, рецимо, дванаестерца, његов синтаксички лом, испресецан интерпункцијом). Није, међутим, Цера Михаиловић језички и формално увек успешан: тамо где је прозодија одвећ нормативна, често се склизне у баналну риму и значењску тривијалност, изазивајући утисак натегнутог каламбура („и ко свему што се зачело у јајцу / здравље је у духу дух у полицајцу" или: „ево течем / кап по кап / већ се сладе / цап-царап"). Аутор је такође могао избећи метафоре типа „смрзнута суза попут сулундара", или тематизацију општих места молитве „Господе који јеси".

Ипак, у највећем делу књиге, посебно у циклусима „Кључне тачке", „Кап", „Оно" и сонетном венцу „Лом", али и у појединачним песмама из прва два циклуса, Михаиловић метафоричким, лапидарним стилом развија идеју о трајној дисхармонији „краја овог јебивека", о равнодушности Бога пред страдањем појединачне душе, која се више не може сакрити ни у реч и стих, о кафкијанској кривици недужних. Стога песник у циклусу „Кључне тачке" иронично преокреће и релативизује живот и смрт, рај и пакао, укљештен између тела и душе, у вечитом вапају за божанским: „а овде на небу у новоме паклу / ништа баш не значи траг душе на стаклу / као и на земљи тако је и горе / мерило су за све неке нове боре".

Завршни циклус „Лом" по којој је и цела збирка добила име, представља сонетни венац са магистралним, петнаестим који синтетизује песниково јетко сазнање да је „целој причи крај пре почетка", а „разум просут до последњег ретка", и да песма, слична метку испаљеном у чело, неће открити тајну божјег одсуства, црне апокалипсе коју Михаиловић види као гротескну поворку нарикача, као „безбожничку сплетку / аурицом Божјега заметка". Сумњајући трајно да опрост и љубав данас уопште могу испунити своју исцелитељску улогу, завршна песма „Милост Господе" уводи у молитвени тон ноту самоироније и меланхолије, свести да се ништа неће променити, упркос искању „опроста за ново посрнуће". Ако се Ништа са Ничим спаја, ако је живот тек „точак опште агоније", онда појединцу, песнику једино преостаје да непрестано моли Бога, одавно отупелог и глувог на наша зазивања. Јер, како рече један други савремени песник, „Једноставно, / ми живимо у животу, у невечности. / Нема ту неке велике мудрости. / Нема ту ничег за епопеју". Остају стога, једино на папиру, црне, разливене мрље, које симболизују трајни човеков пад.

РАСКРШЋЕ И ПУТЕВИ
Драган Јовановић Данилов

Последња деценија овога века афирмисала је у српској књижевности Драгана Јовановића Данилова (1960), превасходно песника, али и провокативног романописца и есејисту, чија је комета у много чему пореметила уобичајени и уходани распоред звезда на нашем песничком небу и уздрмала нормативно расположене критичаре који нису знали шта ће с његовом „барокном острашћеношћу", „раскошном бижутеријом" и једном екстатичном ауторском синтезом потпуно различитих песничких традиција (од класичне, преко ренесансне и барокне до романтичарске, симболистичке и авангардне). Коначно и ново композиционо уобличење Даниловљева поетска трилогија добила је у интегралној верзији *Куће Бахове музике* (1998), у којој смо и као приређивач и аутор поговора истакли основне претпоставке песниковог поетичког хармонског система (варирање као принцип егзистенцијалног протока, жанровски „промискуитет", текст као ерогена зона расутог субјекта, итд), о чему Данилов између осталог пише и у својим есејима *Срце океана* (1999).

Збирка *Пантокр(е)атор* (1997) и заједничка двогласна поетска епистола са Дивном Вуксановић *Глава харфе* (1998), дискретно су наговестиле могућности једног другачијег писма, заснованог на готовово опречној песничкој техници, и у смислу проширивања мотивских слојева и ди-

71

сциплиновања, односно уравнотежења песникових језичких и имагинативних поља. Због тога се о збирци *Алкохоли с југа* (са неизбежном асоцијацијом на Аполинера) и може говорити као о некој врсти симболичког раскршћа, пред којим су се песнику отворили нови, неочекивани путеви, али и неки стари који препознајемо као ехо пређашње ауторске реторике „мистичног маниризма" и „нервозних палимпсеста".

Најпре запажамо другачији начин обликовања збирке: близу шездесетак песама ређа се у континуитету, без њиховог сврставања у циклусе, покушавајући да оправда оно што је читаоцу предочено у кратком песниковом обраћању на почетку, у тексту „ Као свећа на ветру". Реч је о везивању за актуелни животни реалитет, који свој корелатив има у телу, као посебном космогонијском и цивилизацијском систему, а оно је, према Данилову, „било унакажено или обоготворено, суштинска тема поезије". С једне стране за овога песника страст, љубав и нежност (у разним својим варијацијама) увек су били залога светости, нешто што измиче контролисаној, клаустрофобичној позицији рационалног, а у наизглед свакодневним поступцима и понашању интуитивно је назирао симболички поредак вишег реда, самотничку чежњу за бескрајним, било бореалним било медитеранским, осунчаним пределима.

Страст, радост и екстаза су за Данилова „највиша форма спиритуалности", и они нису изостали ни у овим, у много чему стилски другачијим песмама од досадашњих, али су праћене сенком меланхолије, резигнације и смрти (нпр. „Угаљ", „Подрум", „Клозет у сутерену", „Таван", „Праскозорје, месец и ја", „Седам камерних комада", „Лице" итд). У њима је присутна дескриптивна или наративна (понегде и анегдотска) основа, снажно ослоњена на емпиријско искуство, које метафоричким поређењем преиначава наизглед веристичку слику у симболички, фантастични или хтонски свет. Изврсни примери за то су песме „Подрум" и „Клозет у сутерену": у првој се слика аутентичне трулежи која сведочи о пропадању свеколике цивилизације надограђује одуховљењем биља Маријиним дахом: „Отеле су немост из уста рибљих, те беле руже, / и не знајући да једна мала Марија / пева у њиховом облику". Даниловљев поступак у коме се пажљивим и прецизним опсервацијама језички сенчи одређени призор да би се потом симболички контрастирао, техника је која се среће у поезији Александра Ристовића, последњим књигама Новице Тадића или Војислава Карановића, од којих је Данилов, бар до сада, поетички био удаљен светлосним годинама.

Има у овој збирци и оних типичних Даниловљевих песама због којих неки овога песника воле, а други га доживљавају помало сладуњаво, попут неоромантичарског „интимисте". Добар део оваквих песама (нпр. „Зимовник, дописивање са мојим телом", „Празан загрљај", „Острво", „Прибојска улица", „Ватра", „На дан мртвих", „Пред свитање незнано"), сасвим су ослобођени маниристичке реторике, и напротив, артикулишу доживљај себе-у-свету-богу-тексту из дубоко поособљене перспективе, као сплет две самоће, стваралачке и божанске, одлазак у празни загрљај онога који је осуђен на вечито самотништво, баш зато што воли, и што је само тај тренутак непролазан, насупрот дугом времену које испуњавају бука и бес варвара, оних који никада нису спознали љубав. Није овде реч о интимизму, већ о аутентичној патњи

73

због различитости: „ја сам нежност и увек сам гладан“. *Алкохоли с југа* садрже и десетак песама из неких претходних збирки, што свакако није било неопходно, иако је неке од њих аутор формално изменио (нпр. „Мали, пусти путеви“, „Соба ношена крилима“, „Виолончело у пламену“, „Дубока тишина“, „Као свећа на ветру“), као и завршну, опроштајну „Оплакивање клепсидре“, која будући на граници прозног фрагмента опомиње да се Данилов не одриче тако лако сопственог поетичког наслеђа. Али је извесно и да бира преко потребне нове путеве, без страха од ризика.

ДОКАЗИ ЧУДЕСНОГ
Војислав Карановић

Још од своје друге збирке *Записник са буђења* (1989), преко *Живе решетке* (1991), *Стрмих призора* (1994) до најновије *Син земље*, истакнути новосадски песник Војислав Карановић (1961) развија и модификује једну особену метафоричку праксу означавања, која укршта најмање два слоја песничког текста. Први је сведочанство о лирској, непатвореној перцепцији света – чулном и доживљајном искуству себе као нечег што је услов постојања овог првог. Други се односи на извесну контролу, рационализацију, односно ауторефлексивну димензију не само песничког, већ, начелно, списатељског „ја" као творца једног другачијег космоса, преведеног у речи. Између ова два света, који се међусобно подстичу, допуњавају, раздвајају, али једно без другог не могу, негде на ивици њиховог додира, у готово невидљивој, али извесној тачки пресека, помаљају се контуре самог песничког гласа, који се креће у том распону од унутра ка споља, и обратно. У напуклини између доживљајног и написаног остаје једно неуралгично, отворено питање ризика од коначног уобличавања значења. Јер, то значење се управо показује као пут ка расипању, измицању, децентрирању „средишта песме", односно лабаве везе између означеног и означитеља.

Иако, сасвим у духу постмодерне поетике, Карановић непрестано испитује статус речи и њену зависност од субјективних песничких поступака, пажљивије читање *Сина земље* показаће известан помак у приступу овим темама, које су на формално сродан начин наговештене у претходној књизи *Стрми призори*. Аутор доследно обликује искошени поглед који упућује на релативност, али и непобитност проблематичног простора иманенције и трансцеденције, као покушај да се из доследно унутрашње перспективе опева или њихов расцеп, подвајање, или нека врста интуитивног сраза. У *Сину земље*, чини се, нагласак је више померен на сами песнички субјект, као меру јединственог разликовања од свега постојећег. Ауторефлексивна и метапоетска тема укључене су такође у драматично преиспитивање идентитета лирског субјекта, који осећа да је свет прожет дахом анђела чија бешумна крила доносе живот, смрт, али и пребивање на граници различитих стварности. Три циклуса збирке „Дах“, „Прашина“ и „Наручје ветра“ управо симболизују песников напор да се што више приближи себи, у трену непатвореног односа према стварима. Да с једне стране успостави разлику између себе и раскошја света, да се изопшти и умири. То ће му потом омогућити истанчано, прецизно и аутентично ново именовање света, у који ће се прелити песнички субјект из песме, текста: „Мора се поћи из подножја, / Путељцима где се под ногом / Роне каменчићи. / Ићи уским стазама, све ужим, / Непроходним. Пробијати се. .../ Да би се потом кренуло / Доле, у неки облик. / Путељком, где се роне / Речи.“ („Успон“). Или: „Наиђу тако дани / Препустим се потпуно / Стварима изван себе. / Нож за љуштење јабука, зрна / Пиринча расута по глаткој / И сјајној плочи стола... / Све ме то присвоји. Препустим / Се и песми коју пишем, / Или то бар желим.“ („Опрез“). Стога ће у овој књизи вероватно највише пажње привући управо оне

76

песме које садрже неку аутопоетичку исповест, односно оне које подсећају на најбоље песме тог типа из Карановићевих претходних збирки. Такве су, рецимо, „Нескромност“, „Лов“, „Склад“, „Читање поезије“, „Бродолом“, итд. Оне указују на ограничену, релативну моћ превођења обиља света у језиком и телом ограничени облик људског постојања. Меланхолнична самосвест потиче од немогућности тоталног обухвата света, а тренуци тог „љубавничког загрљаја“ изречени су у виду молитве због прекорачења границе немости. Због тога се људско биће својим језиком страдања и патње, слабости упркос говору, обраћа Богу: „И дај ми снаге да се не / Погордим, због радости, / Тих тренутака озарења, / Као да сам се са светом / Спајао у љубавнички / Загрљај“. И управо је песников доживљај легитиман, стваран јер је зачет у њему самом, а не у апстрактној, хладној тастатури песме којој, на крају, увек измакне означено.

Карановићева збирка негде у свом исходишту, као и у претходним рукописима, оставља отворено питање апсолутне стварности која може бити и Поезија и Живот: „А нама да бисмо опстали, / Можда треба мање стварности. / Некаква стишаност. / Привремени заборав / Онога / Што је потпуно / Стварно у овој песми“ („Пажња“). У техничко-формалном погледу *Син земље*, пак, упућује на извесне недоумице: не увек успела преламања синтаксичких и стиховних целина, повремени избор конвенционалних стилема и линеарниих, симболички недовољно ефектних описа. Ипак, највећа вредност ове збирке јесте у поновној афирмацији субјекта у свету као непојмљивом створитељском чину, чијој чудесности није потребан доказ, већ запис, упркос ништавилу.

ДОЖИВЉАЈ КОЈИ СЕ ПАМТИ
Живорад Недељковић

Трећа песничка збирка Живорада Недељковића (1959) недвосмислено показује да у савременом српском песништву постоје гласови које је тешко, готово немогуће уклопити у неки од постојећих модела, иако се њихово писмо на први поглед може учинити пријемчивим, чак транспарентним. У случају овога песника може се чак поставити наоко парадоксално питање: да ли је данас уопште могуће писати поезију у одсуству смисла, или за писање поезије тај смисао и није пресудан, већ свест о потреби да се свеколиком искуству подари одређени облик, корелатив, чак и онда када се експлицитно негира та могућност. Недељковићев рукопис само привидно почива на помало хладним, чак прецизно изграђеним веристичким контурама свакодневних „доживљаја“. Пажљивије читање, пак, открива да песник непрестано, унутар самога текста, уписује неку врсту обрачуна са институцијом Поезије и њеним материјалним ликом, супротстављајући јој непрозирност онога што нам је на дохват руке, а неисписиво је.

Јер, као да не постоји извор из којег песник може црпети грађу за текст: детињство није простор идеалног, нису то ни протекле године које оставља за собом, нису то ни важни и мање важни догађаји, „документарни детаљи“ из личне и колективне историје, којима би неки други песници дали ауру повлашћених слика. Недељковићев песнички субјект углавном региструје некакво емоционално стање између осаме и зебње и немогућност да се то, иако интензивно присутно, до краја вербализује. Та непробојна опна коју излучише године песнику не доносе сазнање о смислу, већ о ономе што га непрестано доводи у питање: „Постоји она због другог. Спречава / Покушаје врлог смисла да уђе у ограђени посед / И поремети освојену усталеност“ („Неумерени рад година“). У том контексту може се схватити и песникова одбојност према различитим, конвенционалним поступцима на којима почива песнички текст, састављен од расутих слика прожетих тишином: „превазиђена нарација“, „омражена дескрипција“, „језичка економија“, страст за сажимањем. Ипак је Недељковићев текст управо све то, и нешто више: стенограм досаде, исцрпљености, чежња за обликом који ће произвести потирање и скинути скраму са речи, то „деценијско потчињење трагању за нечим / Чега нема у овом језику“ („Као предговор“).

Стога Недељковића много и не занимају речи, иако је свестан наше сујетне потребе да их непрестано злорабимо, да њима прикријемо одсутност, празнину, да заташкамо обиље. Али наш аутор не види ни свет око себе као аутентичан, испуњен, већ испражњен, без божанског пропламсаја. Свет као симулацију, односно „имитацију што бестидно обликује постојање". Као да је живот непрестано просторно и временско повезивање истих тачака, истих доживљаја – Београд, Урал, Белфаст, место у којем живи. Јер свуда су само крхотине, којима „планета забашурује несавршеност ствари“. Управо због тога песник у наслов свог поетског егзила ставља необични топоним, непривлачног, сасвим ироничног имена „Тутин“. Али, убрзо сазнајемо нешто о његовој етимологији и некаквом митолошком пореклу – туда су тутњале азијатске хорде, некада и сада, прецизно се померајући у потрази за нерођенима. Значи ли то да сваки кутак на овим нашим меридијанима, на овој испарцелисаној земљи потенцијално може бити војнички логор, или осамљено, ограђено острво, а не некакав суматраистички елдорадо у којем се шаренило облика прелива са мирисима, звуцима и топлином, у коме је могуће „бити стабло“, преображена, одуховљена материја? Једино тамо може доћи до охолог надирања слика, и поремећаја заводљивог склада трпљења и равнодушја који једини преостаје. Телу, тако страшно похараном и обезличеном. Речима у некадашњем, неначетом низу.

ЕЛЕГИЈСКЕ ФОРМЕ
Саша Јеленковић

Четврти песнички рукопис Саше Јеленковића, истакнутог песника млађе генерације (претходно објављене збирке *Непријатна геометрија*, 1992, затим *Оно што остаје*, 1993, и *Херувимске тајне*, 1994), компонован је од двадесет пет текстова који су у формалном погледу сасвим различити – од тзв. сонетоида познатих из његових претходних збирки, преко фрагмената / палимпсеста до песама дуже форме које добијају есејистичке и аутопоетичке назнаке. Песникова намера да у овој књизи одустане од стандардне организације по циклусима и да између ових песама уметне појединачне исказе, реченице, питања, коментаре, указују на једну поетичку специфичност којом се алудира у наслову ове збирке – „краљевска објашњења“. Метапоетска димензија, свагда присутна у Јеленковићевој поезији, овде управо долази до изражаја на равни формалне разуђености, по цену прекидања тока несвесног рада песме. Али то је песнику сада и био циљ: отварајући се мотивски према најширим цивилизацијским (античким и византијским пре свега) и литерарним реминисценцијама, он све време пева о облицима приближавања и удаљавања средишту света, пукотини тајне која не подноси било какво рационално објашњење.

Претходне две збирке Саше Јеленковића припадале су дискурсу меланхолије, која је била сагласна песниковој рани која се „разлистава

81

као књига", а рилкеовска пуноћа ствари које неме трају у простору и времену, заокружене и целовите, опомињале су да им се може вратити да би их изнова доживео, видео и изговорио. У овој тачки Јеленковић је даље проширио своје рефлексивно поље „непријатне геометрије", која је заправо метафора тескобног пробијања физичких и умних ограничења. И ограничења језика, именовања појмова који песника стално опомињу да се животу може приближити само различитим облицима туге, сете, да опроштај увек значи и казну, одлазак морепловца и луталице (фигуре Одисеја и Енеје), пут у непознато, а ипак већ виђено, јер Јеленковић као сваки расни лиричар има поверења у магију чула. Потребно је, како каже Јеленковић у тексту „Шта види песма", наново рекреирати другачији идеал хармоније, у чијем се језгру крије парадокс изрицања и ћутње, присуства и одсуства, ироније и елегије. Оно што данас можда недостаје песнику јесте моћ прорицања, откровења, јер је „елегија капитулирала пред иронијом". А да би се обновила непатворена моћ чуђења и дивљења свету, дакле успостављање новога склада треба се сетити да нас „чула подсећају на постојање непредвидљивог света, не недовољност језика. Чула подстичу чуђење".

А како је са читаоцем? Да ли он разуме оно што види песма"? Или, да се послужимо Јеленковићевим, односно Хелдерлиновим речима, осећа ли он „оно што остаје"? Сласт и горчину победе и пораза, трпкост напуштања, преливање наноса митског времена у историјско („Рељеф")? Уметнути кратки искази између „краљевских објашњења" непрестано призивају читаоца, његово емоционално присуство, изазивају егзистенцијалну рањивост док прати ток расецања Јанусове маске. Просец уклањања и поновног враћања песникове фигуре у међупросторе песме, дисања, буђења и повлачења. Песникова прозирност „кристалне решетке" упија у себе чулне подстицаје света, али на њих, чак и када су у питању реалне просторно-географске координате може одговорити само посредно, метафорички. Отуд и нема објашњења за бол невидљивог: „Мене мучи невидљиво, мучи ме земаљско / воће у рајском врту, могућности и размере / лажи у поезији. Све што додирнем уђе у мене: нарастем и чекам да зидови / постану мостови. Греје ме легенда". Легенда палог анђела, или анђела са трубом који може објавити отварање печата, урушавање скелета фресака, читавих континената. Да ли песник својим речима одлаже апокалипсу? Или нас штити од бруталности света у којем смо сами, заувек, непоновљиво присутни? Како то објаснити краљевски: „To sleep, perchance to dream" каже Хамлет. А Јеленковић читаоцу поручује да је његов сан обећање. Јер све се утапа у стишаности елегијских форми. Иза којих зјапи ждрело вулкана, песниково срце.

СУДБИНА ПЕСНИКА
Милан Орлић

Стваралачка позиција Милана Орлића (1962) могла би се, cum grano salis, одредити као вечито вагање између Кишових термина homo politicus и homo poeticus, о чему аутор и пише у својој претходној књизи есеја *Записи из поларне ноћи* (1997), да би властито поетичко опредељење означио термином псеудо, који поред несумњиве постмодерне визуре његовог досадашњег опуса (жанровска хибридност, естетизована теорија, отворена и скривена интертекстуалност, пастиши и имитација како других писаца тако и самога себе), указује и на Орлићев „опрост за несавршенство и чежњу за лепотом". После прозно/есејистичко/песничке трилогије чија је обједињујућа симболика треперила из „поларне ноћи" опомињући да смо сви неповратно „заљубљени у лаж и опсену", која нас, међутим, непрестано суочава управо са одблесцима лепоте, најновији, други по реду песнички рукопис *Бруј миленија* опева облике те лепоте и, зашто не рећи, облике љубави од којих је саздана не само језичко-формална структура књиге, већ и њено рефлексивно исходиште.

Лирски поступак ове збирке формално је близак претходном песничком рукопису *Из поларне ноћи* (1995), јер следи Црњанскову естетику интерпункције, по којој, како то сам аутор примећује у своме есеју о великом писцу, „интерпункција омогућује и намеће – много више него

84

стил – логику уметничког изражавања", дакле не само реторичке ефекте, којима је Орлић иначе склон, већ и њену онтолошку вертикалу, њен услов постојања. Ипак је између „Пролога" и „Епилога" смештено пет циклуса („Сећање на некрополу", „Искони града", „О не/стварном" „Zoon poetikon" и „Нови, врли град"), који битно продубљују, али и дозивају претходне песникове опсесивне теме, сажимајући их, првенствено око судбине песника и његове жеље да побегне, али и остане у граду, митском или данашњем, свеједно. Отуд се сећање на еидетеске слике „тембра из класичне старине" може поново довести у везу са фантазијском матрицом проза Немање Митровића, али из перспективе самосвести о ризику песничког позива, ма како то патетично звучало. Јер Орлићева књига је све само не патетична – успореним ритмом који се тек на неким местима помало насилно прекида, аутор постиже два естетска ефекта. Најпре, утисак да психолошки путујемо кроз његово персонализовано време, у којем лирски јунак постаје истовремено и „човек гомиле" али и профињени естета, преплашени, осетљиви љубавник суматраистичких сагласја коме рутина свакодневице наноси бол, иако је тешком муком подноси. И затим, што је још битније, то путовање на крај поларне ноћи води нас из „некрополе града" до „новог, врлог града" који симболички упућује на утемељеност ове поетике у Борхесовој библиотеци, у „Књизи као Цивилизацији", у сталном напору да кроз написано и прочитано допремо до „бруја миленија", претходних, и будућих, у којима зрцали песникова душа, али и духови свих осталих песника.

У том смислу, Орлићева збирка заиста припада наслеђу суматраизма, и буквално и симболично: иако је Милош Црњански оставио неизбрисив траг, ауторово поређење и спајање понекад неупоредивих ствари (нпр. електронски медији, манипулација идеологијом напоредо са елитистичким залагањем за чистим формама и апстрактном лепотом оличеном у Женственом / Фемини), он попут најзначајнијих савремених српских песника преиспитује ону традицију која антиципира савремени положај песника у друштву, али истовремено и диференцира свој властити, непоновљиви поетски глас. Мотив гаврана, злослутне, деструктивне и оностране птице у Орлићевим циклусима не провлачи се само као литерарна алузија или експлицитни цитат, већ визионарски упућује на трагичност самог чина стварања – овде, или у туђини, у Данској, Панчеву, или Булоњској шуми: „Око главе, сатанов осмејак: / гавран спокојно облеће“. Њему је комплементарна слика лабуда, као града жуђених контура, анђеоских крила, душа отмености: „Нисам видео, никада: законодавца Града / и Васељене: Лабуда негдањег“. Валеријевски лабуд, али и бодлеровски албатрос тако су фигурације урбаног песника, овенчаног песника, ученог песника, светог песника и великог песника који доноси писмо из далека, пробијајући се кроз ходнике некрополе/библиотеке. Који, иако свагда усамљен, у својој побожности, ћути. И опрашта, баш све.

РЕЧИ У ПОКРЕТУ
Милен Алемпијевић

Песници који свој идентитет доследно изграђују на принципима експерименталне поетике, што укључује различите импулсе (нео)авангардних традиција, по правилу тешко објављују књиге, нити имају одговарајућу читалачку и критичку рецепцију. Претходна, нискотиражна, и о ауторовом трошку штампана збирка *На тим рукама* (2000), управо је пример специфичног међужанровског пројекта, који почива на искуствима разарања и преобликовања постојећих жанровских конвенција поезије и прозе, па чак и драмске једночинке, игроказа. Асоцијативно и алогично конструисање текста као „вербалног колажа" који своје порекло има пре свега у дадаизму, експресионизму и надреализму, утиче и на промену наше читалачке перспективе. Укидање сваке референцијалности, миметичности, па чак и цитатности, односно тзв. интертекстуалности у смеру обликовања слободне фантазијске игре, одлика је и најновијег рукописа чачанског песника и прозаисте Милена Алемпијевића (1965), карактеристичног наслова *О врстама смеха*.

Сва три циклуса ауторове збирке „Састојци пада", „Плави зид" и „Тегови за истезање прстију" почивају на иронијском, каткада и црнохуморном изобличавању тзв. секвенци из света реалних датости, али и ауторовог филмског, сликарског опажања појединих феномена, ликова и фигура, који би иначе могли постати јунаци неке од Алемпијевићевих прича. То је нпр. случај са песмама из првог циклуса „Остаци“, „Паспарту“ или, рецимо „Причицом“. Прва песма компонована је од пет фрагмената, заправо ефектних описа онога што је остало од некада целовитих слика – тек понеки лик, сведен на симболичку радњу, на убрзани рад речи и исказа који подразумевају временски ток од живота до смрти. Графички ефектна песма је и „Паспарту“ у којој песник разара мистификацију људског имена: „име је важније и од лица јер лице / лице вам често и не треба / зато име / то свакодневно чудо / без њега се напросто / не може / име је слика а човек њен паспарту“. Свеприсутна тежња за обезличењем, десубјективизацијом може се спречити једино другачијим начинима успостављања идентитета, преко разлагања слика и асоцијативних поља, слично кубистима.

У другој и вероватно најефектнијој целини збирке „Плави зидови“ ауторова „тачка гледишта“ помера се ка различитим перспективама доживљајног искуства, што резултира стварањем неке врсте дадаистичко-кубистичке жанр--сцене, везане за различита временска, просторна и емоционална ситуирања мотива жене. Отуда се као непосредни, али значењски неодређени повод за ауторово динамизовање и успоравање надреалних слика појављују специфични наслови: нпр. „жена која ћути“, „жена која је измислила нешто на воду“, „жена која једе“, „жена која говори“, „жена која пишки“, итд. У свим овим песмама укрштају се сликарска и поетска опсервација, док синкретички лукови асоцијација поједине описе померају или према извесној психолошкој скици, или га сенче лирским сновиђењима, које песник свесно депатетизује: „док боји зид сећа се / свог

тела непребoлне глине / у завежљају ноћног до-
гађаја / могли смо се срести / каже / била сам гола
као слутња / фарбај жено и ћути / свега ти! / каже
Жена која је одлучила да умре".

Завршна песма овог циклуса „Момачко вече"
нека је врста графичке слагалице, у којој се ау-
тор поиграва клишеима анакреонтике. Управо
она призива неочекиване врсте смеха на које мо-
жемо наићи у овој збирци, закључно са послед-
њим сегментом песама у прози „Тегови за исте-
зање прстију". То је, с једне стране, смех који
према Бахтину, препорађа, прочишћава и опле-
мењује човека, смех необуздан, у коме се слави
живот, љубав, лековити смех, који не познаје
границе између живота и смрти. С друге стране,
постоји и онај смех, који је основа модернисти-
чке гротеске, у којој је он заправо лице ужаса,
хистерични смех који указује на опасност од
свеколиког уништења, смех који својим цини-
змом открива бесмисао постојања у свету и у
речима. Смех који непрестано подсећа, како ре-
че Сартр, да ништа не треба узимати озбиљно,
јер нисмо бесмртни.

ИТАКА И ЊЕНИ КОМЕНТАРИ
Марија Кнежевић

У протеклој деценији прошлога века, општа ерозија егзистенцијалних, културних, етичких и естетских вредности довела је знатан део савременог српског песништва на саму ивицу непостојања, или псеудопостојања. Националне и верске теме најчешће су опеване у реторичком маниру патријархалне прошлости, чиме је поезија преузела на себе улогу очувања угроженог националног идентитета, сводећи духовност на употребну вредност којом се обмањује читалачка јавност. Тиме се она одрекла своје естетске аутономије, свога права да буде саображена духу овога времена (да избегнемо појмове као што су модерност или постмодерност), на индивидуално непоновљив начин, и постала зависна од идеологије владајуће елите. Један број критичара још увек користи појмовну апаратуру која као пресудне критеријуме процене поетске творевине истиче „национално“, „колективно“, „историјско“, „завичајно“, да не говоримо о злоупотреби вештине слогомерја и сталних песничких облика, који су по некима чак и предуслови модернога песништва. Компетентни тумачи поезије, осим ретких изузетака, нису на време указали на опасност од пропадања у живо блато анахроног певања и мишљења, већ су, напротив, такве процесе посредно и непосредно подстицали и награђивали. Може се рећи да се код нас десило нешто што би, без сумње, развеселило и Платона и Скерлића исто-

90

времено: песници (свако уопштавање је, наравно, релативно), никако нису представљали опасност за државу и њене идеале, или пак посрнуло национално здравље и морал. Напротив, неки од њих су допринели да савремена поезија преузме на себе државотворну улогу. Поезија је, чини се, почела да управља све суженијим државним простором и да освешћује и бодри српску нацију.

На ову позицију, осим многих песника, у првом реду нису пристале песникиње – бар оне које нешто значе у овој култури. Једна од њих је и Марија Кнежевић (1963), чија се најновија збирка *Моје друго ти* може читати као дугачко, временски незаустављиво писмо себи и другом. Кнежевићева, упркос упућивањима на поједине митске, цивилизацијске и књижевне предлошке (најчешћи мотиви везују се за одлазак, чекање и повратак, сеобе, за тајну Одисеја и Пенелопе), прелама ове ситуације кроз прозаичност, апокалипсу свакодневице и властите рањивости. Кроз спремност да се не буде јунак у нечијем доживљају, сећању или сну, већ аутентично „ја“, близу, што ближе себи, али и другима. Истоветна у различитостима, различита у истоветности.

У петнаест текстова ове књиге, емпиријски свет оцртан је оштрим контурама из перспективе овде и тамо, Балкана и Америке, а путовање ка коначном одредишту показује се као илузија изабране изопштености, измештености и слућеног повратка. Чежња за „постојањем по себи“(„Име реке“, „Писмо“, „Ја“), ауторку увек подсећа на чињеницу недостатности језика, или на његово непостојање, односно „убијање“. Због тога и опстају „недовршене песме“ које нас остављају с питањима о лабилности овога рукописа, о његовој несигурности у пол, односно жанр, о потреби да буде истовремено и поезија и проза, али и и иронична натукница како, ипак, избећи писање исповести, како формом савладати вртлоге асоцијација и самоговора, замишљених и стварних дијалога, предјезичких секвенци и преласка поетског флуида у друге језике (енглески и шпански), како бити истовремено присутан и одсутан, празан и испуњен љубављу, циничан и сентименталан, брз и успорен: „Са њеног становишта – осетљиве површине – / читав век постепено страда / од порока убрзања. / Време историје је прошло. Са њим и време језика. / Залихе времена су потрошене. Речи заборављају / себе („Име реке“).

У формалном погледу, песме Марије Кнежевић откривају различите типове говора: од неке врсте дијалогизоване поеме („Увиђај“), преко песама рапсодичне имагинације, у којима се наизглед наративни ток прекида лирским и критичким коментарима (слично као код Нине Живанчевић или Марије Шимоковић), до краћих целина („Икона“, „Вишак“, „Шетња“) у којима је језички израз прегнантан, а поента алузивна. То су углавном текстови у којима је поетска опсервација усредсређена на неку наизглед баналну ситуацију, упућујући читаоца да препозна ауторкино „емпиријско ја“, аутобиографске детаље, поједине адресате, односно моје друго ти. Понекад исто као и ја, понекад различито. Понекад отпорно на неумитно протицање времена, посредовано e-mail-ом, блиско и жељено, страно и одбачено. Најчешће само облик нечије жудње, нечијег чекања на повратак: „Старински строга према речима, за већину / нема или нечујно тиха, ти си идеална слика у прозору / куће од камена, пулсирајућа / идила, откуцаваш правилно као чекалица / какве се више не производе. Бивша. Вредност патине“ („Писмо“). Стога сваки покушај одређења лирског гласа своди се на глагол „бити сам". Додали бисмо – отићи и вратити се. Јер, жеља за напуштањем једног простора значи само сеобу тога истога „ја" у неки други круг, али не као отуђивање од претходног, већ као самопотврђивање. Као одмеравање љубави према другом. Као лекција из носталгије.

БИБЛИОГРАФИЈА КЊИГА
О КОЈИМА СЕ ПИШЕ

1. Миодраг Павловић, *Песме* I–III (књ. I „Искон", књ. II „Извор", књ. III „Исход", *Сабрана дела*), Просвета, Београд, 2000.

2. Љубомир Симовић, *Тачка*, предговор Радивоје Микић, Матица српска Републике српске, Бања Лука, 2001.

3. Алек Вукадиновић, *Изабране песме*, избор и предговор Александар Јовановић, Нолит, Београд, 1998.

4. Срба Митровић, *Узмицање*, Рад, Београд, 1999.

5. Доброслав Смиљанић, *Урођена ламйа*, избор и поговор Милослав Шутић, Просвета, Београд, 1998.

6. Милутин Петровић, *Наойако*, Градац, Чачак, 1998.

7. Петар Цветковић, *Божићне йесме*, Народна књига–Алфа, Београд, 1998.

8. Иван Растегорац, *Недело*, Рад, Београд, 2000.

9. Марија Шимоковић, *Међуречје*, Стубови културе, Београд, 2000.

10. Тања Крагујевић, *Словочувар и словочуварка*, Просвета, Београд, 1998.

11. Стеван Тонтић, *Олујно јайо* (изабране и нове песме), Глас српски, Бања Лука, 2000.

12. Мирко Магарашевић, *Молбеник Свейоѓ Саве*, самостално библиофилско издање, Београд, 1999.

13. Милосав Тешић, *Круг рачански*, *Дунавом*, Просвета, Београд, 1998.

14. Јован Зивлак, *Острво*, поговор Владимир Гвозден, Драганић, Београд, 2001.

15. Новица Тадић, *Окриље*, Глас српски, Бања Лука, 2001.

16. Драгиња Урошевић, *И ниње и присно*, Нолит и Драганић, Београд, 1999.

17. Братислав Милановић, *Врата у пољу*, Просвета, Београд, 1999.

18. Мирослав Цера Михаиловић, *Лом*, Филип Вишњић, Београд, 1999.

19. Драган Јовановић Данилов, *Алкохоли с југа*, БМГ, Београд, 1999.

20. Војислав Карановић, *Син земље*, Српска књижевна задруга, Београд, 2000.

21. Живорад Недељковић, *Тутин и још 50 песама*, Повеља, Краљево, 1999.

22. Саша Јеленковић, *Краљевска објашњења*, Градац, Чачак, 1998.

23. Милан Орлић, *Бруј миленија*, Просвета, Београд, 1998.

24. Милен Алемпијевић, *О врстама смеха*, Повеља, Краљево, 2001.

25. Марија Кнежевић, *Моје друго ти*, Вајат, Београд, 2001.

НАПОМЕНА

Први пут ови текстови су објављени у следећим листовима или часописима :

Политика: о Павловићу (5. 8. 2000), Симовићу (1. 12. 2001), Вукадиновићу (3. 10. 1998), Митровићу (6. 11. 1999), Смиљанићу (31. 7. 1999), Петровићу (17. 10. 1998), Цветковићу (13. 3. 1999), Растегорцу (14. 7. 2001), М. Шимоковић (16. 9. 2000), Т. Крагујевић (14. 11. 1998), Тонтићу (13. 1. 2001), Магарашевићу (4. 3. 2000), Тешићу (5. 12. 1998), Зивлаку (12. 1. 2001), Тадићу (27. 10. 2001), Д. Урошевић (8. 4. 2000), Милановићу (4. 9. 1999), М. Цери Михаиловићу (24. 6. 2000), Данилову (19. 2. 2001), Карановићу (24. 2. 2001), Недељковићу (9. 10. 1999), Јеленковићу (23. 1. 1999), Орлићу (31. 10. 1998), Алемпијевићу (23. 6. 2001);

Српски књижевни магазин: о М. Кнежевић (бр. 1, јули 2001).

БЕЛЕШКА О АУТОРКИ

Бојана Стојановић-Пантовић рођена је 30. марта 1960. у Београду. Магистрирала и докторирала на Филолошком факулету у Београду. Запослена је у звању ванредног професора на Филозофском факултету у Новом Саду на Одсеку за српску и компаративну књижевност. Књижевни историчар, теоретичар, критичар и есејиста. Преводи са словеначког и енглеског језика. Објавила је следеће књиге: *Poetika Mirana Jarca*, Ново Место, 1987, *Линија додира*, Горњи Милановац, 1995, *Наслеђе суматраизма* (поетичке фигуре у српском песништву деведесетих), Рад, Београд, 1998, *Српски експресионизам*, Матица српска, Нови Сад, 1999, *Српске прозаиде* – антологија песама у прози, Нолит, Београд, 2001.

Приредила је и написала предговоре, односно поговоре за неколико књига из српске књижевне традиције и савремене поезије: Ранко Младеновић, *Драмске ташке* (фототипско издање), Београд–Горњи Милановац, 1999; Д. Ј. Данилов, *Кућа Бахове музике*, Просвета, Београд, 1998; Алек Вукадиновић, *Ноћна трилогија*, Задужбина „Петар Кочић", Бања Лука –Београд, 2001. Сачинила је избор, превела са словеначког (са М. Ђорђевићем) и написала поговор за изабране песме Алеша Дебељака *Скице за повратак*, Бања Лука – Београд, 2002.

Добитник је награда Исидоријана и Милан Богдановић.

Живи у Београду.

Фотографија
САРА МАРИНКОВИЋ

САДРЖАЈ

Бојана Стојановић Пантовић
КРИТИЧКА ПИСМА

*

Главни уредник
НОВИЦА ТАДИЋ

*

Рцензент
МИЛИЦА ЈЕФТИМИЈЕВИЋ ЛИЛИЋ

*

Лектор
МИРОСЛАВА СТОЈКОВИЋ

*

Издавач
ИП РАД
Београд, Дечанска 12

*

За издавача
СИМОН СИМОНОВИЋ

*

Штампа
СПРИНТ
Београд

CIP – Каталогизација у публикацији
Народна библиотека Србије, Београд

821. 163. 41. 09''19''

СТОЈАНОВИЋ Пантовић, Бојана

Критичка писма / Бојана Стојановић Пантовић. –
Београд : Рад, 2002 (Београд : Спринт). – 105 стр. : слика
аутора ; 21 cm. – (Едиција Знакови поред пута)

Тираж 300. – Напомена: стр. 97. – Белешка о ауторки: стр.
99. – Библиографија књига о којима се пише: стр. 95 – 96.

ISBN 86-09-00786-3

а) Српска књижевност – 20в
COBISS-ID 98571276

Čedo Vulević
PRTLJAG SNOVA

www.ingramcontent.com/pod-product-compliance
Lightning Source LLC
La Vergne TN
LVHW021610080426
835510LV00019B/2507